小池百合子
権力に憑かれた女

ドキュメント東京都知事の1400日

和田泰明

光文社新書

「彼があっさり自分の信念の旗をひるがえして別の旗を颯々《さつさつ》としてかかげるには、一日もあれば、時にはたった一時間でも、時にはたった一分間でことたりるのである。彼は理想に殉ずるものではなく、時代と歩調を合わせるのであって、時代の変転が早ければ早いほど、それだけスピードを出して時代を追いかけるのである」

——シュテファン・ツワイク『ジョゼフ・フーシェ　ある政治的人間の肖像』

（高橋禎二・秋山英夫訳、岩波文庫）

はじめに

小池百合子東京都知事がまだ降りてこない。

新型コロナウイルス感染拡大により、小池の登庁時と退庁時、東京都庁第一本庁舎２階のフロアでメディアがコメントをとる「ぶら下がり取材」が常態化していた。おおよその出入りの時間は、東京都政策企画局報道課から担当記者に伝わっている。

だが２０２０年４月10日夜７時過ぎ、10人ほどの記者、数台のテレビカメラが待ち構える中、小池は予定の時刻になっても現れなかった。どうやら７階の知事執務室に一人、籠っているらしい。

それから1時間ほど経ち、小池はSP（セキュリティポリス）、随行職員、都庁警備員を引き連れてようやく2階に登場した。

小池がカメラの前に立つと、テレビ局女性記者が代表してマイクを持ち、その日の感染者数をどう受け止めたかなどと、質問した。

つらつらと答え始めた小池は、ふいにこんな話題を割り込ませた。

「ヒカキンさんとの動画が１００万再生いきました」

小池と人気ユーチューバー・ヒカキンの対談がつい先ほどから配信されていたのだという。小池は執務室で、そのわずか1時間ほどで１００万再生に達した動画の反応を見届け、退庁が遅くなったというわけだ。

これがあればニュースは成立するだろうと言わんばかりに、数分間の一人語りを終えるや、小池は立ち去った。

もちろん他に聞きたいことがある記者もいる。ある女性記者が小池に追いすがり、言葉を投げかけた。

だが、小池は彼女を一瞥しただけで、決して歩みを緩めない。それを合図に、忠実なベテランSPは女性記者と小池の間に滑り込んだ。

いつもこうだ。

小池の発信は一方的だ。取材に応じるのは、視聴者や読者に伝えるためであって、目の前の記者の疑問に向き合うためではない。

小池百合子が東京都知事を演じるのは、スポットライトが当たっている時だけである。

＊

〈NO！　3密〉

〈感染爆発　重大局面〉

小池が、緑地に白抜きのフリップを掲げたのは3月25日、新型コロナウイルス対応の緊急記者会見でのことだ。「このまま何もしなければロックダウン（都市封鎖）を招いてしまう」とも述べ、この日のテレビ映像は都民、国民の緊張感を一気に高めた。

フリップを出してわかりやすくアピールし、記者からの質問にも当意即妙に答える。これぞ日本のリーダーにふさわしい……。小池には、そんなイメージが定着しているという。たしかに、顔にフィットしていない「アベノマスク」をつけて登場し、空虚な言葉を並べる総理大臣・安倍晋三との差は歴然としている。

だが、一度、東京都公式ホームページにある知事の記者会見動画を見ていただきたい。毎週金曜日に行われる定例会見は50分ほどだが、冒頭の発言に20分ほど費やされる。その後の記者との質疑では、要領を得ない答えがだらだらと続く。時間稼ぎとしか思えない。

ある都庁詰めの記者はこう嘆く。

「聞きたいことを質問しても、わかるようでわからない答えが返ってくる。後で文章に起こしたものを読み返すと、結局答えになっておらず、記事にできないこともあった」

加えて小池は、記者を指名する前に、手元に目を落とす。

そこには私たち記者の座席表がある。厄介な質問をしそうなフリーライターや週刊誌記者を当てないようにするためだ。もしくは、どの社も報じないようなニッチな質問をするベテラン記者をあえて指名し、時間を稼ぐこともある。

ところが「ニュース」になると、小池がフリップを出したり、「ロックダウン」と口にするところが切り取られ、有意義な記者会見が行われたように見えてしまう。

小池の計算通りだろう。

「ワールドビジネスサテライト」（テレビ東京）キャスターを経て政界入りした小池は、〝切り取り〟というメディアの特性を熟知している。ちなみにフリップを最初に使った政治家は小池だともいわれている。

覚えている方は多くないかもしれないが、２０１６年６月、小池が東京都知事選の出馬表明をした際の公約は「任期３年半」であった。知事は総理大臣と違って解散権はない。知事の任期を変えるには、国会で地方自治法を改正しなければならない。つまり知事選での公約としては杜撰《ずさん》極まりないのだが、メディアからすれば、小池が「自民党の了解を得ずに出馬した」ことが格好のニュースになるのだった。

以降、小池は、政界関係者の間でしか知られていなかった〝自民党東京都連のドン〟こと内田茂都議を炙《あぶ》り出し、五輪大会組織委員会会長・森喜朗元総理、石原慎太郎元東京都知事といった実力者に、女一人で果敢に食らいついていく。さらに自らを、火あぶりの刑に処せられたフランスの国民的ヒロイン、ジャンヌ・ダルクになぞらえる。いかにもメディアが飛びつきそうな構図である。

築地市場移転、東京五輪といった都政の重要分野にメスを入れはした。メディアも引きつけた。

しかし、結局はすべて元の木阿弥になった。あの騒ぎは何だったのか。

だが小池は、決して自らの過《あやま》ちを認めない。

「小池知事に失敗はない。なぜなら絶対に失敗を認めないからだ」

ある東京都議会議員はこう指摘した。

観客を最後まで飽きさせず、途中ハプニングがあっても平然と演技を続ける。そんな一流の舞台女優兼演出家が、小池百合子であった。

*

私は「週刊ポスト」（小学館）の契約記者だった２００２年頃から、主に政治をフィールドに取材活動を行い、05年からは「週刊文春」（文藝春秋）のお世話になっている。「週刊文春」編集部は千代田区紀尾井町にあり、永田町にほど近いこともあって、私はより政治分野の取材に傾倒するようになった。

もちろん、小池に関する記事をいくつも書いてきたが、特に親しい関係にはない。だから、小池が都知事選に出馬表明しても、特段の思い入れもないままに取材を開始したのだが、「小池劇場」の盛り上がりに私は興奮した。自民党という大組織に盾突いてまで出馬する女性候補の存在は、たしかに新たな時代の到来を感じさせた。

だがすぐに違和感を覚えるようになった。

小泉純一郎総理による「小泉劇場」、橋下徹《はしもととおる》大阪府知事の「橋下劇場」と比べるとわかる。小泉なら「郵政民営化」、橋下なら「大阪都構想」という政策の旗印があった。しかし小池は自民党東京都連を「ブラックボックス」だと目の敵にするだけだ。小泉は自民党、橋下は大阪維新の会を率いたが、小池はたった一人である。

地に足がついていないのだ。

頼るのは聴衆、すなわちメディアの盛り上がりだけだった。

早晩、この手法では立ち行かなくなるのはわかり切っていた。だがそれを指摘する報道は少ない。メディアは小池の繰り出す球を打ち返すだけで精一杯で、検証する間が与えられない。蓋を開ければ礼賛報道のオンパレードだ。それが〝数字〟を取るのだから修正されることはなかった。

私が小池をつぶさに観察し、任期を終えた時に一冊にまとめて世に問いたいと思い立ったのは、そんな現場の記者たちの苦悩を知ったからでもあった。

その思いは、小池が、市場移転の方針決定で情報公開がなされていない点を定例会見で突かれた際、「それはＡＩだからです」と応じたことで一層強くなった（第５章参照）。この政治家は「検証」されたくないのだ、と。

それから４年――。小池は知事の任期を見事に泳ぎ切った。しかし、新型コロナ禍というアクシデントに小池が日々対応するため、都政担当記者はまたも同じ悩みを抱えることとなる。任期を振り返る検証記事を書くべきなのに、記者の余力も、記事のスペースもない。気がつけば、都知事選に突入していた。

本書のタイトルは『権力に憑《つ》かれた女』である。

小池を追いかけてみて感じたのは、60代後半という年齢らしからぬ体力である。振り回され、疲弊していく周囲をよそに、いや、それを糧にして小池は生き生きと輝いていく。何かに取り憑かれたかのように。「何か」とは、私は「権力」だと思う。

このままでは、小池百合子という政治家の本質を見失うことにならないか。それこそが、彼女の思惑通りなのではないか。

小池にとって、都民にとって、国民にとってこの４年間は、何だったのだろう。１４００日をドキュメントで振り返って検証したい。

小池百合子　権力に憑かれた女　目次

第1章

東京五輪と新型コロナ

学歴詐称疑惑

トレードマークのショートヘアをさらにさっぱりとさせ、それとコーディネートしたのだろう白のインナー、水色のジャケットを羽織った夏の装いで、小池百合子は現れた。

２０２０年6月10日、東京都議会第二定例会最終日。開会時刻の午後1時前、小池は演壇から見て左側にある知事席に腰を沈めた。

だが小池の前に扇状に広がる議員席にいるのは、自身が立ち上げ、今も特別顧問を務める「都民ファーストの会」所属議員のみである。議会運営で揉め、開始が20分遅れることとなり、その抗議の意味も込めて彼ら、彼女らは定刻通りに座っているのだった。

揉めた理由は、小池の「学歴詐称疑惑」である。

6月18日告示、7月5日投開票の東京都知事選挙を前に、一冊の本が都政関係者を震撼させていた。5月29日に発売されたノンフィクション作家・石井妙子著の『女帝　小池百合子』（文藝春秋）である。

石井は月刊「文藝春秋」（２０１８年7月号）で、小池がエジプト・カイロ大留学時代に同居していた女性から詳細な証言を取り、小池の「カイロ大卒」という経歴に疑義を唱えるレポートを発表。それをベースとし、『女帝』では虚飾にまみれた「女一代記」を描いた。反響はすさまじく、都庁内の書店ではすぐに完売。ネット上でも話題になった。

本書の「はじめに」で触れたように、小池は人気ユーチューバーとコラボ動画をつくるほど、ネット情報に敏感だ。自身の評価を確認する「エゴサーチ」もしているという。『女帝』の反応が目に飛び込まないわけがない。

この定例会で、自民党都議から著書について質問をされた際、小池は「本を読んでいない」と白を切ったのだが、関係者はこう明かす。

「知事は発売前から中身を気にしており、側近が記者らに内容を探っています。本の隅々まで読む時間はないにせよ『文藝春秋（の記事）と内容が同じでよかった』と安堵したといいます」

小池はこれまで「カイロ大卒」を選挙公報に載せてきた。もしウソなのであればれっきとした公職選挙法違反だ。都議会でも自民党や共産党が、卒業証書の議会への提出を求めてきたが、小池はどういうわけか拒否。一部メディアに不鮮明な画像のものを提示したり、6月9日にカイロ大学が突然、「卒業を証明する」との声明を出すなど、信憑性に疑問符がつく一方だった（6月15日の記者会見後、卒業証書を報道陣に公開。都知事選公報にも「カイロ大学卒業」と記載された）。

そこで定例会最終日、議会として、小池に卒業証明書提出を促す「決議」を出そうとの動きが高まった。だが都民ファーストの会と公明党の〝小池与党〟が過半数を占めている以上、「決議」は可決されない。さらに自民党は、小池への対抗馬擁立を断念した経緯がある。党幹事長・二階俊博の側近、林幹雄《もとお》幹事長代理が都議会自民党幹部に「エジプトに喧嘩売ることになるぞ」と待ったをかけた。要は二階の圧力である。前のめりの一部都議や共産党との調整に手間取り、開会時間が遅れたというわけだ。

待ちぼうけをくらった小池は、苛立つ様子も見せず、自身のタブレット端末を手にして時間をつぶしている。

議事堂6階にある本会議場は吹き抜けになっていて、私たち記者や傍聴者は7階から入る。私はいつものように、知事や都庁幹部の席を見下ろす位置に座っていた。そこから小池の手元がよく見えるからだ。

私は記者席から身を乗り出してタブレットを凝視したが、何の画面かはわからなかった。

ここに何度通っただろう。ＪＲ新宿駅から徒歩で10分ほどかかる東京都庁第一本庁舎は、

１９９１年の完成時、日本一の高さを誇った。都議会議事堂とは連絡通路で結ばれている。いずれも設計は丹下《たんげ》健三《けんぞう》である。

私は「週刊文春」に属し、社内で「特派」と呼ばれる契約記者だ。

都庁記者クラブは新聞、テレビなど20社が加盟しているが、その中に出版社は入っていない。だが顔写真と日本雑誌協会会員の書類があれば簡単に発行される「東京都共用記者室利用者証」があれば、都庁には自由に出入りできる。これは国会と大きく違い、記者クラブ員でない私が国会議事堂や議員会館に入るには、受付で面会相手の許可を得る手続きが必要だ。さらに、面会相手以外の場所に行かないよう釘を刺される。

だから都庁は、私のような週刊誌記者でものびのびと取材ができる場所だった。

この定例会は、知事の任期最後の議会にあたる。都議会には2月、5月、9月、12月の年4回招集される定例会がある。順に第一定例会、第二定例会……と呼び、「一定」「二定」と略する。つまりこの会は「二定」だ。

通常、知事は引退にせよ再出馬にせよ、議会で表明するものだ。議会は二元代表制であり、知事、議員双方が住民の代表として緊張関係を保っている。知事がその議員に意思を伝えるのは礼儀ともいえる。

そのため、小池が何らかの発言をすると見て、いつになく多くの記者、カメラマンが詰めかけていた。１００席ほどある記者席のうち50席ほどが埋まり、小池に言わせるなら「密《みつ》」の状態であった。

ところがこの日小池は、議会の〝前例〟など無視し、自らの進退について言及することはなかった。本来はそうしたかったはずだが、出馬表明という晴れの舞台が、「決議」のゴタゴタで穢《けが》されることを小池は嫌ったのだろう。「決議」は、共産党と一部都議が賛成したのみで、反対多数であっさり否決された。

こうして小池は淡々と都議会最後の日を終えた。

それは新たな「小池劇場」の幕が開く前の、異様なまでの静けさでもあった。

マラソン会場はどこへゆく

思えば１年前はもっと長閑《のどか》だった。

翌20年７月24日開幕の東京五輪を待つばかり。都知事選挙は五輪開会式の直前に行われ、そこで開催都市のトップを変えようとはなるまい。だから今後、安全運転で都政運営が行われれば、小池の知事再選はほぼ既定路線と見られていた。

「半年ほどは、都庁関連のニュースは少なく、ローカル面以外に記事を書いた記憶がない。朝夕の知事のぶら下がり取材をする記者もいませんでした。あまりに原稿を出稿しなかったから、異動になるかも、と思ったほどです」

ある全国紙の都庁担当記者は、当時の雰囲気をそう回想する。

私は、小池が16年7月に都知事選に出馬して以降、小池専用のノートを作ってきた。自宅で購読している朝日新聞を中心に、都政関連の新聞記事を切り抜いてスクラップし、取材メモもすべてそこに記すのだ。そのノートも23冊目に入っていた。だがこのところ新聞記事を貼るのは数日に一度、メモを書き入れることもほとんどなくなっていた。

たまに都議会に顔を出すものの、傍聴席はまばらで、記者も数えるほどだ。緩慢《かんまん》な空気が流れ、ほどよく空調が効き、つい居眠りしてしまうこともあった。小池の知事就任後最初の定例会では、１８６席の傍聴席は満員で、入場できなかった人がモニターのある議場外にあふれたほどだったが、その盛り上がりは遠い過去の話となっていた。

そんな開店休業状態の私たち記者を叩き起こしたのが、マラソンと競歩の会場移転騒動である。

都庁担当記者が異変に気付いたのは、２０１９年10月16日、都庁第一本庁舎７階にある知事執務室に、東京五輪組織委員会会長・森喜朗と事務総長・武藤敏郎が極秘に訪れたことをキャッチしてからだった。その夜、ＩＯＣ（国際オリンピック委員会）がプレスリリースを出して正式に号砲が鳴る。

〈ＩＯＣがマラソンと競歩の会場を札幌に移す計画があることを公表〉

小池は翌日の連合東京でのスピーチで、

「ロシアのプーチン大統領とお親しい総理、そして森会長でいらっしゃいますから、平和の祭典を北方領土でどうだと呼びかけてみるのはありかと思います」

と、デッドボールすれすれの笑えぬジョークを飛ばした。

小池が怒りを露《あら》わにするのも無理はなかった。東京のコースはＩＯＣが最終的に承認したものであり、だからこそ、対策を講じてきた。それはまだよい。小池は開催都市のトップでありながら、〝蚊帳《かや》の外〟に置かれていたのだ。

ＩＯＣ調整委員長のジョン・コーツが日本側に最初に連絡をしたのは10月11日、森喜朗に対してであった。マラソン会場を札幌に移転することをＩＯＣで決めたという一方的なものだった。

ＩＯＣが懸念したのは東京の夏の殺人的な暑さだ。

男女マラソンと男女20キロ競歩は午前6時、男女50キロ競歩は午前5時半スタートと当初の予定より早めたほか、東京都は３２０億円もの予算を組み、マラソンコースなど約１３６キロに路面温度抑制の舗装を施すなど、暑さ対策を講じてきた。小池も「かぶるタイプの日傘」や打ち水、アサガオを植える、街路樹の樹冠を広げる、といった彼女らしいアイデアを執行した。

だがそれらはＩＯＣからすると、〝竹槍訓練〟のように映ったことだろう。危機感を覚えたのは、9月27日、中東のカタールで開かれた世界陸上女子マラソンだ。スタート時刻を深夜にしたにもかかわらず、気温30度、湿度70パーセントの劣悪な条件となり、68選手中28人が途中棄権という惨事を招いたのだ。

そんなことは当の昔に気づいていてよさそうだが、そもそも日本側には、五輪招致の段階で夏の暑さをひた隠しにしてきた後ろめたさがある。

日本の五輪招致委員会が２０１３年1月にＩＯＣに提出した「立候補ファイル」にはヌケヌケとこう書いてある。

〈この時期（7月24日～9月6日）の天候は晴れる日が多く、且つ温暖であるため、アスリ

ートが最高の状態でパフォーマンスを発揮できる理想的な気候である〉

皮肉にもその年9月2日、気象庁は「２０１３年夏の日本の極端な天候について」と題し、夏の平均気温が西日本で統計開始以降1位、東日本で同3位タイという記録的な暑さだったことを発表している。そんな状況下、９月８日（日本時間）、アルゼンチン・ブエノスアイレスのＩＯＣ総会で東京開催が決まったのだ。

〝蚊帳の外〟が続く

森はコーツからの電話を受け、総理の安倍、官房長官の菅義偉《すがよしひで》に伝え、了解を得た。

〈ただ、五輪担当大臣の橋本聖子さんは北海道が地元。我田引水と受け止められたら、彼女に傷がつく〉（月刊「文藝春秋」20年3月号）と考え、橋本には連絡を入れなかったという。

受け入れ側の北海道に目を配るところも森らしい。北海道知事・鈴木直道、札幌市長・秋元克広だけでなく、北海道マラソンを主催してきた北海道新聞の社長にも話を通したという。

ただし北海道新聞は、社長に話が伝わったにもかかわらず、移転をスクープできていない。

「後でそれがわかった時、なんで現場に情報を降ろさないんだ、と執行部不信が募り、社内の雰囲気は悪くなりました」（同社記者）

そして小池には連絡がなかった。

〈あいにく土曜から日本は三連休に入った〉（同前）と森は振り返るが、それが真の理由ではなさそうだ。森はあっけらかんとこう言い放ってもいるからだ。

〈小池さんに先に相談したところで、まとめ上げることができたか。その場合、自民党の都議や区議の力だって借りないといけない。小池さんの最も不得手なところですよ〉。

知事就任以降、森とのバトルを繰り広げてきた小池だが、17年10月の衆院選で失速した後、森をお気に入りの和食屋に招待し、〝手打ち〟をしたことがある。だが森は、小池に心を許していないのだった。

小池が初めて札幌開催を聞いたのは連休明けの10月15日、組織委事務総長の武藤の極秘訪問を受けてである。組織委に８００人もの都職員を派遣しているにもかかわらず、都側には全く情報が入っていなかったということだ。

武藤は小池に対し、自民党都議の高島直樹にすでに話をした旨を伝えたものだから、火に油を注ぐこととなった。高島は組織委理事ではあるが、第3章で詳述する〝自民党東京都連のドン〟内田茂の側近で、内田の後任の都連幹事長に就いた人物だ。予《あらかじ》めの連絡は、小池へのあてこすりにも思える。

高島は、私の取材にこう弁明した。

「森会長からは15日、武藤事務総長が小池知事と会いますよ、という報告を受けただけです。私は都連の幹事長ですから、森会長とすれば、その中で何かあれば耳にいれてくれたのだと思います。『はいお聞きしました』程度で終わっています」

森が小池を〝蚊帳の外〟にしたのでは、との質問には大人の答えが返ってきた。

「人間関係は構築されていると私は信じています。そんな物騒なこと言わないでください」

翌16日には森も加わって、小池と対峙した。

〈彼女は事前に知らされていなかったことにかなり不満そうだったから、コーツに「すぐ都知事に直接電話をしなさい」と伝えた。それでコーツは二度彼女に電話をした、と言っておられました〉（同前）

小池がコーツと直接話したのは、その日になってからだった。

この状況をほくそ笑んだのは〝反小池〟で鈴木北海道知事の後ろ盾でもある菅義偉であった。菅は16日夜の記者とのオフレコ懇談で、

「いいんじゃない？　最高じゃん！」

とＩＯＣ発表を歓迎している。

翌日、ＩＯＣ会長のトーマス・バッハは各国オリンピック委員会連合の総会のスピーチで移転を「Decided.（決めた）」と断言。強烈なトップダウンであった。

小池は10月18日の定例会見で「ご承知のように私が知事に就任する前ですけれども」と前置きしつつ、前述の招致立候補ファイルの〝嘘〟を紹介した。さらに「特定の都議の方にはもう連絡をされていた」と、高島への事前連絡に不快感を示した。

五輪憲章には、競技会場はＩＯＣ理事会が「自らの裁量で許可することができる」と強い権限が定められており、ＩＯＣが組織委、開催都市と結ぶ「開催都市契約」も「不平等条約」と呼ばれるほど都市側の立場は弱い。小池がいくら不満を発信しようが、ＩＯＣの決断は覆《くつがえ》しようがないのだった。

小池の持つＩＯＣとのパイプが細かったのは事実だが、ＩＯＣの変更が「朝令暮改」に過ぎることもまた衆目の一致するところだった。東京都に寄せられた２２３件の意見のうち、反対は約６割。小池はそれを追い風に、久方ぶりに〝ジャンヌ・ダルク〟となり「小池劇場」を演出していく。

小池が防災担当大臣・武田良太のもとを訪ねた時のことだ。「都の被災状況を報告したい」との名目だが、事務方でのすり合わせは終わっており、訪問はパフォーマンスだ。冒頭の挨拶を終えてマスコミを退室させた後、小池は猫なで声で武田にこう迫ったという。

「マラソン、どう思います？　私、いじめられてるんですよ」

武田は小池とは期数も派閥も違い、接点はなかった。自民党幹事長・二階俊博率いる二階派の番頭格として初入閣し、頭角を現してきた武田と近づいておきたいとの魂胆だろう。

10月25日午後3時半、小池は都庁7階中会議室でＩＯＣ調整委員長のジョン・コーツと会談した。同席したのは都側が副知事の多羅尾《たらお》光睦《みつちか》、ＩＯＣは調整委員会副委員長のアレックス・ギラディ。コーツは元ボート選手、ギラディはアメリカ三大ネットワークの一つであるＮＢＣの元幹部だ。

小池は両氏と酒席をともにしている。後に触れる、16年の五輪会場移転騒動の時だ。16年12月の小池のフェイスブックでは、赤ワインの前で皆が寄り添っている写真をアップし「共通の目的を有しているので話は弾みます」と信頼関係をアピールしていた。

しかしこの日、あの酒席は何だったのかと思えるほど、彼らは険しい顔を崩さず、主張は平行線となった。コーツは会談後の囲み取材で「東京が主張しても、もうすでに決断が下されていること」と述べ、記者から「謝罪はしたのか」と問われると、「なぜ謝罪する必要がある？　アスリートのためだ！」と声を荒らげている。

合意なき決定

運命のＩＯＣ調整委員会会議が10月30日、晴海トリトンスクエアオフィスＹ棟18階で始まった。建設中の五輪選手村は歩いて10分ほどの距離にある。

「ＴＯＫＹＯ」と名づけられた会議室は、ＩＯＣ委員や２０２４年パリ五輪の関係者も集まり、ぎっしりと埋まった。彼らが互いににこやかに挨拶を交わす中、小池の顔だけがこわばっていた。青色のジャケットの胸元には、いつもつけている五輪バッジはなかった。

私も含むメディアは、隣接する会議室「ＬＯＮＤＯＮ」で中継映像を見守った。通訳の音声が入らないトラブルがあったが、コーツは「東京から札幌に移すことを決定した」とした上で「コンセンサスを得られずに日本を離れたくない」と述べた。

続いて小池はコーツではなく、テレビカメラの方に顔を向け、「１４００万人の都民の代表として話します」と切り出した。

「都、都議会にも何ら詳しい説明もないままのご提案に、一体開催都市とは何なのか、との怒りの声も寄せられた」

「選手や地元の人の気持ちをないがしろにはできない。ワンチームで大会を成功させたいという強い思いは、この場におられる皆さんの共通の思いだ」

小池は、同時通訳がいるにもかかわらず英語と日本語を交互に使ったのだが、そのパフォーマンス的要素を差し引いても、怒りは伝わった。

ただこの日は各代表による挨拶だけの30分程度で終わり、中身は非公開の実務者協議で詰めていくこととなる。

「すごーい」

その後、建物の2階会議室で行われた囲み取材に、多くの記者が詰めかけていたため、小池は部屋に入るやそう驚きを口にした。自ら演出し、主役を張った「小池劇場」が功を奏したことにご満悦の様子だった。

しかし札幌開催はもはや決定事項であり、小池の交渉カードは、いかに費用負担をしないかに絞られた。北海道知事の鈴木直道は「組織委や東京都が負担するという認識」と述べたが、小池はここだけは譲れない。

記者の質問もそこに集中した。小池は「(移転が)仮定の話と理解しているが」と強がりつつ、「支払うつもりはありません」と述べた。

11月1日早朝、小池は寝る間も惜しむように都庁入りしている。前日、退庁したのは日付が変わるころだった。幹部を前に、午前2時ごろバッハから届いたメールを紹介した。そこには、マラソンを心待ちにしていた地元住民をなだめるかのように、大会後、「セレブレーションマラソン」と称して、同じコースで大会を開催するという提案があった。小池はそれを、費用負担をしないことに加えた〝成果〟ととらえ、移転を認めることとした。

東京五輪のマラソンと競歩の会場を札幌に移すことが事実上決定した瞬間である。五輪史上初めて、花形のマラソンが開催都市圏で行われないこととなったのだ。

正午、小池はIOC、組織委、国、都の代表者による四者協議に臨んだ。最後の悪あがきをどれほど国民にアピールできるかにかかっていた。

各代表よりも遅れて登場した小池は真っ先にコーツと握手。パープルのジャケットの胸元には、今度は五輪バッジが光っている。小池の着席を待ってコーツも腰を下ろした。

コーツが小池に発言を求めた。小池は英語で、

「スピーチすればいいのか。それともイエスかノーで答えればよいのか」

とカウンターパンチを食らわせる。

小池は「確認したいこと」として、

・会場変更の権限はIOCにある

・札幌移転した際の経費は都に負担させない
・都が支出したマラソン・競歩の関連経費のうち、別の目的で活用できないものは都に負担させない
・その他の競技は会場変更しない

と、今度は「一人同時通訳」をすることなく、日本語で強い調子で述べた。その上でこう告げた。

「あえて申し上げるならば、合意なき決定、であります」

これは当初の事務方が作った文面にはなかった文言だという。イギリスが議会の合意を得ないままＥＵを離脱する「合意なき離脱（No-deal Brexit）」にヒントを得た、小池らしいネーミングであった。

会議終了後、コーツは気を遣うように、ＩＯＣ委員らへの挨拶を終えた小池を出口で待ち、ともに会場を後にした。

11月11日、東京の都道府県会館で開かれた全国知事会議。遅刻して入ってきた小池は、あえて報道陣の前を通って北海道知事・鈴木のもとに向かった。親子ほど年の離れた鈴木は、

跳《は》ねるように立ち上がり、握手で応じた。

「頑張ってね。しっかり応援するから」

小池はポンと腕をさわって、さっそうと自席に向かった。

都の経費負担を避けることができ、小池は存在感を存分に発揮した。「劇場」になった局面での瞬発力はさすがである。

ただ、小池がＩＯＣから軽んじられていたことはたしかだ。10カ月後に本番が迫る中、ちゃぶ台返しをされた形だ。

もっとも、かつて小池も同じような行動を取っているのだが——。

大山鳴動して……

ここで一旦、時計の針を約４年前に戻す。

２０１６年７月に行われた東京都知事選挙で小池は「１兆（丁）、２兆、３兆ってお豆腐屋さんじゃないんですよ！」と五輪費用の高騰をコキ下ろし、ＩＯＣや大会組織委を舌鋒《ぜっぽう》鋭く批判した。

小池は、専門家に五輪関連の著書や参考資料を集めさせ、猛勉強を始めた。とりわけ参考にしたのが、アメリカのスポーツ経済学者、アンドリュー・ジンバリストが書いた『オリンピック経済幻想論』（ブックマン社）。同書は、五輪開催は多額の負債を抱えることに他ならず、東京五輪について〈擁護することも、理解することも難しくなってきている〉と一刀両断している。

小池肝いりの民間有識者でつくる「オリンピック・パラリンピック調査チーム」は1カ月近くかけ、五輪費用に関する調査を行った。9月29日に公表された報告書は辛辣だった。

〈今のままでは、開催総費用は3兆円を超える可能性がある〉

と、まずは小池の「お豆腐屋」発言を補強。返す刀で具体策にまで踏み込む。都が整備を進めている七つの新規恒久施設のうち、江東区青海《あおみ》の海の森水上競技場（ボート・カヌー）、同区辰巳の東京アクアティクスセンター（水泳）、同区有明の有明アリーナ（バレーボール）の3会場については、着工間際であるにもかかわらず会場変更や大幅な規模縮小を提案したのだ。

会場の変更となると、単なる費用圧縮ではなく、目に見える「改革」だ。当然、メディアも食いついた。もちろん闇雲に変更しようとしたわけではなく、調査チームを率いる上山《うえやま》信《しん》一《いち》慶應義塾大学教授は事前に根回しをしていた。第4章で詳述するが、元運輸官僚の上山は、小池が設置した「都政改革本部」のリーダー的存在でもある。

「小池知事がパラリンピックの閉会式に行く前に村井さんの意思を確認したい」

宮城県知事の村井嘉浩に、上山が携帯電話で長沼ボート場（宮城県登米《とめ》市）への受け入れを打診したのは９月９日のことである。４日後、村井は都庁を訪問し、上山も同席のうえで小池と面談、会場誘致の段取りを話し合っていた。

ところがこれに不快感を示したのがＩＯＣ会長トーマス・バッハである。バッハはモントリオール五輪で、フェンシングの金メダルを獲得している。２０１３年９月、つまり東京五輪が決定したＩＯＣ総会で、第９代ＩＯＣ会長に就任した。

そのバッハは10月18日、都庁７階大会議室で行われた小池との会談で、

「開催都市として選ばれた後に競争のルールを変えないことこそが、東京や日本、ＩＯＣの利益にかなう」

と、会場見直しを否定してみせたのだ。そして、都、組織委員会、日本政府、ＩＯＣによる「四者協議」設置を提案。小池は東京都主導で進めようと目論んでいたが、その思惑も一蹴したのだった。

先に触れたように開催都市契約は「不平等条約」と呼ばれ、開催都市側の意見など通らな

い。11月29日、グランドニッコー東京台場で開かれた四者協議で小池は長沼案を断念したことを明言する。

この〝騒動〟について、12月２日の定例会見で「週刊ダイヤモンド」記者がズバリ切り込んだ。

「率直に申し上げて、大山鳴動して鼠一匹といいますか、何だったのかなと」

これに小池は、かつてないほど気色《けしき》ばんだ。

「ちょっとそれは失礼なのではないですか」

言葉とは裏腹に、上目遣いで口角を上げ、笑顔である。シャッター音が会見場に響き、小池の表情がフラッシュに照らされた。

私は小池をウォッチするようになって気づいたのだが、小池は、意地悪な質問でも想定内であれば冷たく無表情で応じる。だが、ふいに核心を突かれるとこうして笑顔をつくる。いわば〝仮面〟だろう。

このシーンは、都知事選以降、すべてがうまく回っていた小池の敗北を表す象徴となったのだが、それでは終わらなかった。小池は記者をにらみつけた上で、こう続ける。

「鼠どころか、大きな黒い頭の鼠がいっぱいいたということがここでわかったではないですか。入札の方式はどうなのでしょうか。そういったことを見なければいけないのではないでしょうか」

「頭の黒い鼠」とは、髪が生えている鼠の意味から、主の目をごまかして財産を取る人のことを指す。「鼠」に引っ掛けた切り返しは見事である。第3章、第5章で触れるが、豊洲市場内の工事の落札価格が99パーセント超だったことから、小池は東京都の入札のやり方が利権の温床とにらみ、「入札改革」に着手していた。ただその「改革」によってむしろ入札不調が続き、「黒い鼠」をあぶりだすことはできなかった。

小池は11月29日の四者協議で、バレーボール会場の有明アリーナ（江東区）を横浜アリーナに変更したい意向も示していたが、12月16日、断念を発表する。都政改革本部五輪調査チームが変更を目指した3会場は、すべて計画通り新設することとなった。

この2カ月半に及んだ五輪会場変更騒動は、第5章で詳述する市場移転問題とともに「小池劇場」の重要な要素となったが、何をもたらしたのか。

12月22日、五輪調査チームは役目を終えたとして解散するが、チームを率いた上山はこう振り返る。

「長沼は候補地としてベストでしたが、あの時期からの変更が厳しいのは予想していました。

しかし海の森の整備費用は莫大で都民の批判も強かった。

小池さんは五輪予算の見直しを公約に知事選を勝ち上がってきた。一方で組織委員会とＩＯＣの無駄遣い体質を正す手段が限られていた。会場変更はできなかったが、アクアティクスセンターは規模縮小となった。海外プレスが反応してくれて世界中に五輪のビジネスモデルやＩＯＣのおかしさが明るみになったことは大きい」

さらに上山は、ＩＯＣと折衝してきた印象を率直にこう話した。

「横浜アリーナだってＩＯＣの専門家や事務局は可能性を認めていた。ＩＯＣは、それぞれがポジショントークをするバラバラな組織と実感しましたね。だけど、最後は一つにまとまる。ある意味、自民党的で、森会長と波長が合うのもわかる気がします」

忍び寄るコロナ

２０１９年12月20日午後６時、都庁７階中会議室で小池と都庁クラブ記者との懇親会が開かれた。

総理の安倍は「キャップ懇」をはじめ、メディア幹部との会食も頻繁に行うが、小池の記者づきあいはドライだ。年一回の懇親会があるにはあるが、都庁会議室での立食形式で各局幹部が勢ぞろいし、小池が機微に触れる情報を出すことはない。

この日、小池は風邪気味とのことで20分ほどで退席するのだが、冒頭、

「来年の一文字は決まっています。五輪の『五』です」

とスピーチした。まさか翌年、五輪が延期になるとはここにいた誰もが想像しなかっただろう。

その頃、中国湖北《こほく》省の武漢《ぶかん》市では新型コロナウイルスによる肺炎患者が増え始めていた。

２０２０年、五輪イヤーが明けた。

1月10日の年明け初の定例記者会見の話題は、もちろん五輪について。特別ゲストとして大会マスコットの「ミライトワ」「ソメイティ」が会見場に登場すると、小池は「かわいいよねえ。フフフフ」と〝母〟の表情を見せ、ご満悦だった。

その場では1月後半から、働き方改革のためテレワークなどを推奨する「スムーズビズ」キャンペーンを行うことが発表された。小池はその後、常にスムーズビズのバッジをジャケットの胸元につけるのだが、奇しくもコロナ禍によって、「キャンペーン」どころではなく、テレワークが急速に普及することとなる。

新型コロナによる初の死亡者が武漢市で確認されるのはその翌日、１月11日のことである。16日には日本国内で初めて感染者が出たが、日本はまだどこか他人事《ひとごと》であった。

「多くの中国の皆さまが訪日されることを楽しみにしています」

総理の安倍は、中国の旧正月にあたる春節（１月24日から１週間）にあたり、訪日を呼びかけるメッセージを北京の日本大使館のホームページに寄せたほどだ（批判を浴び、削除）。

１月24日、東京五輪開会式まであと半年となり、お台場海浜公園（港区）の海上に、巨大な五輪マークのモニュメントが掲げられた。ライトアップのセレモニーには小池も出席した。

だが小池は、一抹の不安を抱えていたはずである。

なぜならこの日、都内で初の感染者が確認されており、午前には「新型コロナウイルス関連肺炎東京都危機管理対策会議」を立ち上げていたのだ。

小池のコロナとの長い戦いはすでに始まっていた。

呪われた五輪

その口火が切られたのは２月25日、ＡＰ通信によるＩＯＣ委員のディック・パウンドへの単独インタビューだった。

「開催の是非は5月下旬が判断の期限。その時期になれば、東京に安心して行けるほど事態が十分にコントロールされているか（under sufficient control）考えないといけない」とした上で、事態が収束しなければ「中止を検討するだろう」とまで踏み込んだ。

コロナ禍によって、五輪開催を危ぶむ見方が広がってはいたが、ついにＩＯＣ委員の口から語られたのだ。

パウンドは、カナダの元水泳選手で、弁護士資格を持ち、１９７８年からＩＯＣ委員を務める最古参だ。13年の五輪招致の際、総理の安倍が福島の状況を「アンダーコントロール」と述べたことを皮肉るかのような物言いであった。

泡を食った日本政府は、組織委を通じてＩＯＣに見解を問い合わせ、「公式見解ではない」との回答を得た。ある組織委幹部は私に「ＩＯＣにもいろんなポジショントークをする人がいるからね」と、気に留める様子はなかった。だが国内世論の趨勢《すうせい》は、通常通りの開催を疑問視する方に傾いていた。

その頃、私は国会議員たちから「今晩空いてる?」といった、突然の誘いを受けるようになった。理由はコロナ感染を恐れ、会食のキャンセルが相次いでいるためである。彼らにしてみれば、人と会うことを生業《なりわい》としている週刊誌記者なら、コロナなどさほど気にしておらず、穴埋めで呼んでも失礼にはあたらないと考えたのだろう。実際私は、喜び勇んで会いにいった。

国会議員は夜の宴席も仕事の一環だ。会合をハシゴする「2階建て」「3階建て」も珍しくない。それがぽっかり空くとなると、選挙区に家族を残して単身赴任をしている身には寂しいようである。人に囲まれることが日常の人種だけに、一人で食事を取ることが耐え切れないという国会議員は、結構存在する。

記者にとっても酒席は仕事である。昨今、記者と取材対象者の距離感が問題となったが、記事に手心を加えなければいいだけの話だ。正式な取材の場では出ない、ディープな本音を聞き出す機会にもなる。もっとも、記者を高級クラブや料亭に招くという政治家はいないでもないが、政治家の集金能力が落ち、何より世間の目が厳しくなっている今、政治家と記者の付き合いはずいぶん安上がりとなっている。

急に誘ってくれた自民党国会議員とは、国会にほど近い港区赤坂の居酒屋で会った。宴会のキャンセルが相次いでいるとのことで、客は我々だけであった。

その席での話題は、もっぱら五輪がどうなるか。東京ではない選挙区の議員ということもあり、コロナの世界的な拡大を考えれば、延期どころか中止もありえるだろうと語った。
だがそうした考えは、公の場では決して言ってはならないことだった。

３月３日、ＩＯＣは緊急声明を出し「五輪の成功のために全面的に協力する」と予定通りの開催を強調した。

だが日本からも爆弾発言が出る。組織委理事で元電通専務の高橋治之が11日、米ウォールストリートジャーナルや朝日新聞などに「１、２年の延期が現実的な選択肢」と明言したのだ。

激怒した森は、病院にいたところを抜け出して記者会見を開き、「とんでもないことをおっしゃった」と不快感を示す。高橋に電話したところ「大変申し訳ない。ちょっと口が滑ってしまった。おわびをしたい」と応じた旨を明らかにした。

このやりとりは老獪な二人が、アドバルーンを上げたとの見方もある。何しろ高橋治之は、１９８４年のロサンゼルス五輪で商業五輪の先鞭をつけて電通の専務まで上り詰め、ＦＩＦＡ（国際サッカー連盟）にも太いパイプがある海千山千の人物だ。

マラソン会場移転の際、小池は〝蚊帳の外〟に置かれたことの逆恨みのようにジャンヌ・

ダルクを演じたが、それは得策でなかったと反省したようだ。今回は冷静に安倍と連絡を取り合っている。

小池の発言に変化が見え始めた。高橋の発言を受けた翌日、小池は記者団に「中止はあり得ない」と述べたものの、「延期は？」との問いに「最悪のシナリオは中止」とはぐらかすのだ。安倍と示し合わせての発言であった。

この頃から、政権幹部が延期による安倍の「花道論」を吹聴し始め、世論を誘導していく。

「延期するしかない。１年延期すれば、（21年９月に自民党総裁の任期を終える）安倍総理の花道になる。聖火が届いてから、発表することになるだろう」

３月12日、ギリシャのオリンピアで聖火の採火式が行われた。20日に宮城県の航空自衛隊松島基地に到着、26日から国内でリレーが始まる予定で、リレーの途中で中止や延期が決まるなど恰好がつかない。決断までの日数は限られていた。

採火式に出席した組織委副会長で元五輪担当相の遠藤利明は、帰国後、私の取材にこう話した。

「私、武藤（敏郎・組織委事務総長）さん、バッハ（ＩＯＣ会長）、コーツ（ＩＯＣ調整委員長）と30分程度話しました。もちろんこれだけ（コロナ感染が）拡大しているから、懸念はあった。心配しているのは予選会。いずれ収束するにしても、予選会が開かれずに、五輪の出場をどうするのか。ＩＯＣの最大の仕事が五輪。ＩＯＣがやりたいんだから、中止や延期は全くあり得ない」

その見通しは甘かったことになるのだが。

遠藤は小池と日本新党時代の同僚で、今も会食をする関係だ。帰国途中のパリで、小池から電話があったという。

「『どうなの？』と。バッハもコーツもこう言っているよ、と伝えたら『そうよね。（五輪は予定通りの日程で）やらなきゃいけないわね』と。小池さんも延期は考えていないと思いますよ」

繰り返すが、開催の権限はＩＯＣにあり、日本政府や小池がどう考えようが、関係のないことだ。

ただＩＯＣとて、懐に入る多額のテレビ放送権料を逃すわけにはいかない。よく知られるように、五輪が夏開催なのは、秋にアメリカ四大スポーツのバスケットボールやフットボールのリーグ戦があるためだ。

事態が動いたのは3月16日、Ｇ7首脳によるテレビ会議だった。

「完全な形で実施することで一致した」

50分の会談後、安倍は記者団にそう述べた。要は中止しない、そして、コロナ禍の状況下では実施しないということだった。つまり延期である。

3月20日、聖火が日本に到着した。聖火式典では、強風のため聖火が消えるというハプニングが起こり、宮城県出身の芸人・サンドウィッチマンがショートコントで場をつなぐことになる。「やめた方がいいかもしれませんね、僕たち」と富澤たけしが口をすべらせ、五輪の行く末を暗示させた。

万策尽きたＩＯＣは22日、「中止は議題にしない。延期を含めた検討に入る」との声明を出す。そして24日午後8時、総理公邸で安倍とバッハの電話会談が行われた。その場には小池や森も同席し、小池は通訳を挟んで安倍の右隣に座った。

安倍「１年程度の延期を軸に検討を進めてはどうか」

バッハ「１００パーセント賛成だ」

途中、回線が切れてかけなおすというトラブルがあったが、バッハは何度も「Victory」の言葉を使い、コロナに打ち勝った証としての大会とする旨を確認したという（月刊「文藝春秋」20年5月号の小池インタビュー記事）。

ＩＯＣは五輪の開幕を翌年21年7月23日と決めた。この発表を、小池は、夜の繁華街への出入り自粛を求める緊急記者会見（3月30日）の場で触れねばならなかった。

5月20日、イギリスの放送局・ＢＢＣによるバッハへのインタビューが波紋を呼んだ。大会延期決定後に取材に応じるのは初めてのことだ。

「来夏開催できない場合、中止せざるを得ないのは理解できる」

さらに総理の安倍が、3月24日の電話会談の際、「日本にとっては来夏が『最後の選択肢』」と述べていたことを明らかにしたのだ。

政界随一の率直な物言いをする麻生太郎（副総理兼財務相）は、国会で東京五輪を「呪われたオリンピック」と評した（２０２０年3月18日、参議院財政金融委員会）。

１９４０年、東京で開かれる予定だったが日中戦争で中止。１９８０年のモスクワ五輪は、ソ連のアフガニスタン侵攻に抗議するため、アメリカや日本などがボイコット。そして今回――。40年ごとに五輪存続の危機に直面してきたというのだ。

その言葉はますます説得力を持ってくるのだった。

コロナ会見を連発

小池が初めてコロナ対応の緊急記者会見を開いたのは、春分の日が絡む３連休が終わった翌日、３月23日のことである。都内は桜が満開で、多くの花見客でにぎわっていた。

都内在住者で死亡が初めて確認されたのは２月26日。感染者は毎日確認されてきた。小池にしてはずいぶんと動きがにぶかったのは、五輪開催をめぐりＩＯＣを刺激したくなかったからだと勘繰《かんぐ》られても仕方がない。その日の会見で小池はこう述べた。

「事態の今後の推移によりましては、都市の封鎖、いわゆるロックダウンなど、強力な措置をとらざるを得ない状況が出てくる可能性があります」

この「ロックダウン」発言は、一気に国民の緊張感を高めたのだが、こうまで踏み込めたのは、すでに五輪延期の腹合わせができていたからと見られる。先に触れたように翌24日、ＩＯＣ会長のバッハと総理の安倍との会談で延期が正式決定される。

以降、小池は堰《せき》を切ったように記者会見を開く。毎週金曜日の定例会見を含め、週に３度開いたこともある。

ならばなぜ、３連休前に会見を開かなかったのか。そんなもっともな疑問を、夕刊紙「日刊ゲンダイ」記者が４月６日の緊急記者会見で突いた。

「御紙においては、そういう論（五輪延期が決定される前だから会見をしなかった）を展開されているのかもしれませんが、それは全く関係がございません」

小池はムッとした表情で答えた。

定例会見以外は、小池でなく、広報担当者が記者を指名する決まりになっていた。だが記者の質問がよほど気にくわなかったのだろう。この日を境に、緊急会見であっても小池が記者を直接指名するやり方に変わった。

時の権力者にとって、記者会見の扱いは「情報公開」をアピールするわかりやすい場だ。

かつて東京都知事の会見は、記者クラブ員しか出席できなかった。フリーライターや雑誌記者が出入りできるようになったのは、石原慎太郎都政時代のことだ。石原は、旧都庁舎が千代田区丸の内にあった時代から「有楽」と「鍛冶橋《かじばし》」に分かれていた二つの記者クラブを、「東京都庁記者クラブ」と味気ない名前に統合させた。会見の文字起こしをホームページに公開した。舛添要一は、その作業を外注に出してスピードアップさせ、それまで3日ほど掛かっていたものを当日に公開できるようにした。

原則、時間は50分ほど。そこは歴代知事によって違い、

「石原さんの時は、会見室に入ってきて『今日は何もない！』と記者を威圧し、質問をさせる間もなく帰ったこともあった。舛添さんは『次に公務がある』と早々を切り上げていたところ、そのまま湯河原の別荘に行っていたことが判明したため（第2章参照）、バッシングされた時は2時間超に及んだ」（広報担当者）

小池にしても、記者会見を効果的に利用してきた。金曜日午後2時からの定例会見は、ワイドショーの時間帯に重なるからだ。

小池が記者会見で、座席表をもとに記者を選別することは、本書冒頭で触れた。会見開始前、私のように「都庁記者クラブ」に属さず、たまにしか現れない記者がいると、政策企画局報道課員がすっ飛んできて名刺交換をする。それをすぐさまペーパーに書き込むのだ。私の席には「週刊文春」とでも書いてあるのだろうか。

私は挙手してもなかなか指名されない記者の一人だ。思い当たる節はある。16年8月12日の定例会見で、第4章で触れる母方のいとこ・Mについて聞いたことだ。プライベートを突かれたことが気に障ったのだろう。また、17年10月19日、衆院選真っ只中の会見で、手を挙げたのは私一人という瞬間があった。結局指名されたものの、当初はこちらを見ぬような素振りで、できれば指名したくない気持ちがありありと伝わってきた。

それにしても、これほど記者会見で不快な気分にさせる政治家を、私は他に知らない。日本維新の会創設者の橋下徹が大阪府知事や大阪市長だった頃、私は「週刊文春」の取材で何度も大阪まで出向いた。橋下は記者の質問が出尽くすまで応じるので、必ず収穫があるからだ。他にも、多くの政治家の会見に出てきた私だが、手を挙げているのに無視された経験はない。

コロナ対応で一気に全国区の知名度となった吉村洋文《ひろふみ》大阪府知事と比べてみるといい。吉村が会見に臨む時、手にするのはわずかなペーパーだけだ。それは数字などのデータに過ぎない。記者からの矢継ぎ早の質問に、自らの言葉で答えていることがわかる。もちろん記者を選り好みすることもない。

一方の小池は、想定問答を役人に十分すぎるほど用意させる。事前にそれに目を通し「これってこういうことよね」と修正を加えていく。会見場には付箋の貼ったペーパーをどっさり持ち込み、それに目を落としながら慎重に発言していく。

小池が発言に慎重となるのは、とりわけコロナといった人の命に関わる時の失言は、政治家として命とりになりかねないとわかっているからだろう。例えば、タレントの志村けんがコロナによって死亡した翌日の3月30日朝、小池は登庁した際にコメントを求められ、こう述べてしまう。

「悲しみとコロナウイルスの危険性についてですね、しっかりメッセージを皆さんに届けてくださったという、その最後の功績も大変大きいものがある」

本音には違いないが、「功績」という言葉はないだろうと批判を浴びた。

だから第6章で触れるが、17年衆議院選挙前の「排除発言」を引き出し、「希望の党」失速のきっかけを作ったフリージャーナリスト・横田一《はじめ》に対し、小池は警戒を強めた。

横田は毎回、記者会見に出席し、挙手するのだが小池は指名しない。しびれを切らした横田は「声掛け」と称し、立ち去ろうとする小池に大声で質問を投げかける。

もちろん小池は無視だ。当初は、ホームページの会見動画にその声も入っていたが、やがて、小池が会見を終わるや、音声が遮断されるようになった。

横田は、指名されない連続記録を三十回以上更新し、むしろそれをネタにしている。

〝二階案件〟で防護服提供

私がここで伝えたいことは、小池のコロナ対応が杜撰だったということではない。

小池のコロナ対応が、７月の東京都知事選に向けた「政治利用」の場でもあったということだ。第８章で詳述するように、自民党本部へも接近していた。

東京都は、コロナの発生源である中国に対し、医療従事者用の防護服33万６０００着を提供した。都にある備蓄２２０万着のうち、都民の生活には１１０万着が必要とされている。だからその残りを提供すること自体、責められるものではない。

問題はその経緯だった。都合5回に分けて送ったのだが、うち2月７日に配送した10万着は、政府や公的機関を通していなかった。では誰の依頼だったのか。

自民党幹事長・二階俊博である。

二階は六つの政党を渡り歩いてきたが、小池はそのうち四つの政党で行動をともにしており、両者の関係は深い。二階の自民党幹事長就任は、小池の都知事就任とほぼ同時期の２０１６年８月３日で、二人は互いの政治的思惑を一致させて連携してきた。

この局面でも小池は、それを〝結果〟にしてみせた。

小池は2月４日、二階を自民党本部に訪問。その際、二階から防護服を中国に輸送するよう要望書を出され、即座に実行に移す。だが受け取ったのは、中国政府ではなく、世界有数のＩＴ企業、アリババであった。アリババ創業者のジャック・マーが、中国と深く付き合ってきた二階に連絡をとり、防護服提供を要請していたのだった。

都側も、後ろめたさがあったのだろう。この経緯は、都議会議員に突かれるまで、明るみにならなかった。

3月9日の都議会予算特別委員会で追及した都議会自民党政調会長の小宮安里《あんり》が指摘する。

「質疑にあたって、私は都側に誰からの依頼で、どう使われたか出せと伝えた。二階さんは幹事長名で、小池知事に要望書を出していますが、質問の前日になって都は、二階さんは自民党幹事長としてではなく、機構の名誉理事長として要望してきたとわざわざ伝えてきたのです。しかも質疑の答弁で、アリババのアの字も言わないし、その後、どう渡っているか、追跡できていない。都民の財産なのですから、疑われるようなことをすべきではない」

「機構」とは、国際医療を支援する一般社団法人「医療国際化推進機構」のことだ。都は、小池と二階との関係性をことさら薄めようとするのだった。

〝格下〟西村コロナ対策担当相

二階とは蜜月の関係を築く一方で、小池は政権与党にバトルを仕掛けていく。

これから本書では小池が次々と〝仮想敵〟を作っていく様子を描いていくが、これは彼女の「業《ごう》」であり「性《さが》」でもある。

4月6日昼、小池の姿は都議会議事堂6階の議会運営委員会室にあった。各会派の代表に招集がかかり、「東京都緊急事態措置（案）」のペーパーをもとに説明したのだ。そこには、休業要請する施設の種類が列挙してあった。聞きつけた記者らが取材に走り、ペーパーを入手するや速報した。実質、「案」が公表されたようなものだった。

翌7日には、国が緊急事態宣言を出すと見られていた。どのような業態が休業しなければならないのか。商売をする側にとっては死活問題だが、まだ判然としなかった。小池はそこを突き、国に先駆けて方針をぶち上げようとしたのだった。

記者会見は午後5時から行われるはずだった。だが会見は一向に始まらない。

実はこの間、報道された都の対象の基準が厳しすぎると、国から物言いがついていたのだ。会見が始まったのは午後9時半になってからだ。記者から休業要請する施設について質問が相次いだが、小池はそれに答えず、同席した総務局長が「国と調整している」と、答えるばかりだった。

7日午後7時、総理の安倍晋三は緊急事態宣言発出の記者会見を開く。

まだ質疑が続いている午後8時、都庁で小池の記者会見が始まった。だが肝心の休業要請については、事務レベルで交渉にあたっている副知事が前日同様、「国との調整」と繰り返した。

いったい何に手間取っているのか。

理由は東京都が休業要請する施設の中に、理髪店が入っていたから、そして政府側が経済活動の停滞を恐れ、「休業要請は2週間見極めてから」と伝えてきたからだった。

まず理髪店は「新型インフルエンザ等対策特別措置法施行令」を根拠にしており、都は他意なく入れたにすぎない。ところが国は後退させ、理美容店は対象としないと決めた。理美容業界は自民党の支援組織であることから、猛烈な働きかけがあったためだ。

また2週間の見極めとなれば、人口の集中する東京では感染拡大が目に見えていた。こののんびりしたスケジュール感に驚いた小池サイドは、それをメディアに盛んにリークする。

これに驚いたのが、西村康稔《やすとし》経済財政担当相兼新型コロナ対策担当相である。

西村はツイッターで「誤報」と火消しに躍起となり、「2週間で8割減の接触で効果が出る」との専門家の意見を紹介しただけと弁明した。

小池と西村はホットラインで連絡を取っていくのだが、小池にしてみれば西村は〝格下〟

である。

2003年初当選の西村は、兵庫が選挙区で、小池が郵政選挙の05年、兵庫から東京10区に国替えするまで、小池と同じ県連。清和政策研究会という派閥も一緒だった。だが小池の方が年齢は10歳、国会議員歴も10年以上上回っている。

一方の西村も、小池のことを内心、快く思っていないようだ。

「西村さんは総理を目指す野心家で、勝手に小池さんをライバルと思っていました。波長も合わなかったのでしょう。選挙の時に送られてくる為書き（激励のため「祈必勝」などと書くポスター）を、好きな人からのものは選挙事務所の壁際に、嫌いな人は天井に貼るのですが、小池さんは天井でした」（西村の支援者）

人出の増える週末が近づいていた。9日木曜日、小池は動く。夜8時過ぎの退庁時、多くの記者が待ち構えていたが「急ぎますので」と素通りした。都庁担当記者は行き先を知らされていない。訝《いぶか》しんでいると、西村の担当記者から連絡が入る。小池は西村に会うため、内閣府の入る合同庁舎8号館に現れたというのだ。

「密です！　密です！」

小池が押し寄せる記者団を制して、ネット上などで話題になるのは、その帰り際のことである。

小池は西村への直談判で、理髪店については国と歩調を合わせつつ、11日土曜日から休業要請することを了解させた。

電話や事務レベルの折衝で済むところを、小池はあえて自ら乗り込み「リーダーシップ」を演出したのだった。

なお「密です！」の映像を使ったゲームやダンスミュージックなど、パロディが多く登場した。これに小池は、別の日に内閣府を訪れた際「ここで私が〝密〟と言ったらゲームができてしまった」（22日）と反応し、まんざらでもない様子だった。

特措法は、政府対策本部長である総理が、都道府県知事に権限を付与するものだが、同時に条文では総理が「総合調整を行う」となっている。隣県と地続きなので調整は当然とはいえ、知事は中途半端な立ち位置となってしまう。西村との会談翌日の定例会見で、小池はこう揶揄《やゆ》した。

「権限はもともと代表取締役社長かなと思っていたら、天の声がいろいろと聞こえまして、

中間管理職になったような感じ」（４月10日会見）

返す刀でこんな暴露をした。

「昨日、西村大臣ともお会いした時に、地方特例交付金１兆円を用意していると」（同）

泡を食ったのは西村だ。まだ政府間での根回しもできていない状況だからだ。

じりじりと西村を追い詰める小池。西村が、休業支援に臨時交付金１兆円を活用すると表明するのは、19日になってからだった。

百合子チャンネル

「はじめに」で触れた小池とヒカキンの対談動画が配信されたのは、その定例会見のあった日の夜のことである。

時代ごとにスポットライトを浴びてきた小池は、当然、ネットに対する戦略も練っている。都知事就任後、いち早くタブレット端末を導入。小池自身、常にタブレットを持ち歩き、何か疑問点があると、すぐに検索をかけて情報収集する。ヒカキンが若者の間で大人気であることは、都庁幹部より熟知していたかもしれない。

その動画は１０００万再生を超えるヒット作となった。

総理の安倍はといえば、ミュージシャン・星野源の「うちで踊ろう」の動画と、自宅で愛犬とくつろぐ様子などをコラボさせ、その無神経さが世間から総スカンをくらったばかりだった。安倍より2歳年上の小池の方が、時代を読む力は圧倒的に冴えていた。

だが、7月の東京都知事選挙が日に日に近づいている中でのことだ。小池がそれを全く意識していないということはあるまい。

「東京都知事の小池百合子です。みんなの命を守るため外出の自粛などに努めてください」

そんな小池によるCMが登場したのは4月9日のこと。テレビだけでなく、ラジオ、都営地下鉄、街頭ビジョンなどで流れまくった。

トップが外出自粛を呼びかけることは説得力を持つだろう。たしかに小池はこの時点では次の都知事選への出馬表明はしていなかった。だとしても、度が過ぎてはいないか。何しろ、緊急コロナ対策で計上する12億円のうち、新聞やＹｏｕＴｕｂｅまで含め広報費用はしめて9億円に上る。税金を使った実質的な「選挙活動」になるのではないか――。

そう危惧したのは他でもない、都庁職員であった。

当初、都職員はイラストなどで外出自粛を呼びかけようと考えていた。ところが小池はこう言い放つのだ。

「そんなんじゃ伝わらないわよ」

だが小池は引き際も速い。

巨額の予算が投じられることから4月16日発売の「週刊文春」が〈小池百合子　血税9億円ＣＭ　条件は「私の出演」〉と非難し、東京新聞（4月18日）も続いた。すると、あたかも予定されていたかのようにすっと手を引き、ヒカキンらユーチューバーが呼びかけるＣＭに変わった。

それだけではない。

4月3日から、都の公式動画チャンネルで土曜日を除く毎日、午後6時45分から15分間程度の番組を発信するようになった。さらに金曜日は英語バージョンになるという。

キャスターはもちろん小池自身である。１９７９年「竹村健一の世相講談」（日本テレビ）キャスターから「ワールドビジネスサテライト」（テレビ東京）まで足かけ10年のキャスター歴は伊達ではない。都内の感染状況を報告する他、専門家やタレントをゲストに呼んでのやりとりは、手慣れたものである。

専門スタッフを呼び寄せ、大きなレフ板を用意し、角度を変えた2台のカメラを設置する本格的なつくりだ。「ステイホーム」を呼びかける張本人でありながら、自宅から配信したのは2回だけで、他はすべて都庁での収録だ。知事が登庁するということは、番組スタッフだけでなく、発信する内容に伴って各担当課も登庁しなければならない。

都庁職員はこの動画を「百合子チャンネル」と呼んで呆れた。（5月30日から週2回となり、6月11日で放送を終えた）

吉村大阪府知事への対抗心

感染状況を伝えるだけでは飽きられることがわかっているのだろう。その「百合子チャンネル」にはゲストを呼んだ。4月27日には、接触機会「8割削減」を提唱した西浦博・北海道大学大学院教授を招いた。政府の専門家会議メンバーだけに、小池は収録が終わってからも、西浦に政府側の動きを〃取材〃していたという。専門家以外にも、お笑いタレント、パラリンピック選手、起業家、音楽家など多彩だ。アポイント取りに奔走する都庁職員も大変に違いない。

そして4月30日放送に登場したのが、大阪府知事・吉村洋文であった。

45歳の吉村は、タレントの故やしきたかじんの顧問弁護士を務め、日本維新の会創設者・橋下徹と知り合ったことから、２０１１年に大阪市議として政界入りした。その後、衆院議員、大阪市長、19年4月には大阪府知事へと、瞬く間に権力の階段を上がっていった。

　これは、橋下が早くから、吉村のシャープな外見も含めた政治家としての素質に目をつけ、彼を引き上げたからに他ならない。

　そうした政治家は必ずと言っていいほど、周囲から羨望というより嫉妬の目を向けられ、「挨拶がない」といった細かなものから「黒い交際疑惑」まで、何かしらの批判が出てくるものだ。小池など、その典型だ。

　しかし驚いたことに、吉村にはそれがまるでない。私は「週刊文春」の取材で、弁護士時代の上司や維新議員に吉村の印象を聞いてみたが、批判めいた言葉は一つも出なかった。「欠点がないのが欠点」と語る議員までいた。

　そんな完璧な人間などいるのだろうか。考えられる理由は、人を不快にさせない穏やかな性格という以外に、一貫して「大阪都構想」などの政策づくりに専念してきたことにあるようだ。つまり、周囲から〝人畜無害〟の存在だったのだ。

　かといってそれが、政治家として優れていることにはならない。政界では「悪名は無名に勝る」からだ。吉村は大阪府知事になっても、橋下の〝傀儡《かいらい》〟と見られ、ずいぶんと頼りない印象を持たれたものだ。

だがコロナ対応で吉村は、化けた。

東京五輪開催という足かせがはめられた小池を尻目に、吉村の動きは早かった。

まず人権に配慮するあまり、コロナ感染者の行動履歴を公表しない厚労省を批判し、1月30日、大阪は独自に公表。2月18日には、大阪府主催のイベントを1カ月中止・延期することを打ち出した。小池はといえば、3月1日の東京マラソンを、一般ランナーの参加は取りやめたものの、予定通り開催している。

「こんなに決断力がある政治家とは知らなかった」と、維新議員もその豹変ぶりに驚いたほどで、実際、毎日新聞が5月6日に携帯電話のみで行った世論調査で、吉村は、コロナ対策で「最も評価している政治家」のダントツ1位（有効回答401人のうち188人）になった。小池は2位につけたものの59人で、ずいぶん差が開いてしまった。

多くの政治家の屍を踏み台にし、嫉妬の渦から這い上がってきた小池からすると、吉村など文字通り〝お子様〟扱いだったはず。だが、そうも言っていられなくなった。「百合子チャンネル」に吉村を招いたのは、ゴールデンウィーク前に、東京と大阪の連携をアピールするという立て付けだが、新世代の政治家に抱きついておこうという思惑もあったはずである。

吉村とはオンラインで結び、スタジオから中継先に呼びかける報道番組のように進行した。

小池はステイホーム応援キャンペーンとして〈STAY HOME〉〈STAY in TOKYO〉〈STAY in OSAKA〉〈SAVE LIVES〉と横文字を羅列させた。「知事これでよろしいでしょうか？」と呼びかけると、吉村はさほど関心がなさそうに「それでお願いします」と言った後、「僕はハロー、グッバイくらいしか英語しゃべれないんですけど」と嫌味を入れるのも忘れなかった。

維新は小池と距離を置いており、その後の都知事選では、前熊本県副知事・小野泰輔を推薦している。

吉村の後塵を拝して満足する小池ではない。

国が緊急事態宣言を延長したことを受け、5月5日、吉村は、休業、自粛要請を解除する大阪府独自の基準「大阪モデル」を打ち出した。いわゆる「出口戦略」である。

小池も同日、緊急記者会見を開いた。だが、「どのようにしてその先に出口を見出《みいだ》していくのか、そのためのロードマップ、具体的な取組方法につきましても、様々な専門家の知見も得ながら早急に策定をしてまいります」と語り、具体的な「出口戦略」には踏み込んでいない。

一方で記者会見で配布された資料には、〈「出口戦略」の策定〉と明記されてある。

どういうことか。

役人側は当然「出口戦略」を考えなければならない。だが都独自で掲げ、解除された時に感染者数が跳ね上がった場合、小池が全責任を負わねばならない。知事選前にそれは避けたい。もう一つは、吉村と同じ土俵に乗りたくないという心理だろう。

だから8日の定例会見で、幹事社から出口戦略について聞かれた時、小池は即座にこう否定してみせたのだった。

「東京の場合、感染者が引き続き出ているという中において、出口というと、もう全て何かクリアされたような雰囲気が漂う。この出口戦略という言葉そのものは、私はあまり使わない」

要は結論を先延ばしにしたいのだ。

そして、都幹部にとって悪夢のようなワードが発せられた。

「ロードマップ」再び

小池はこう続けた。

「この先いくつかのフェーズがありますから、それについてのロードマップは示していきたいと考えております」

ロードマップ——。吉村の「大阪モデル」に対抗し、東京都ならではの基準を打ち出したかったようだが、これは２０１７年夏の都議選前、小池が盛んに口にしていた言葉である。

第５章で詳述するように、築地市場を廃止し、16年11月に豊洲新市場が開場する予定だったものを、小池は知事就任後、延期を決断して「小池劇場」を盛り上げた。だがこれによって移転反対派が勢いづき、収拾がつかなくなる。そこで16年11月に公表したのが「移転に向けたロードマップ」であった。

これは「専門家会議」「市場問題プロジェクトチーム」といった外部識者の判断を経て、17年６〜７月に「総合的な判断」をするというものだ。

「判断」の時期は、都議選（６月23日告示、７月２日投開票）真っただ中である。もちろん選挙を意識したためで、ことによっては選挙後に判断を先延ばしにできるという責任逃れのスケジュールだった。

結局、「決められない都知事」といった世論からの指摘に耐えられなくなったのだろう、都議選告示３日前、小池は「築地は守る、豊洲を生かす」と玉虫色の決断を下すのだが、当時市場当局は、この「ロードマップ」に散々振り回されたのだった。

その発言に反応したのが、小池が立ち上げ、特別顧問を務める都議会の「都民ファーストの会」（以下、都民ファ）であった。

都民ファは都議会で定数１２７のうち50もの議席を持ちながら、公明党や自民党に議会を振り回され、存在感は薄かった。都議選は１年後だ。政策提言を試みようと、独自のロードマップを作成したのだ。

今年５月12日、小池の元秘書で、都民ファ代表を務める荒木千陽《ちはる》ら幹部５人が、小池の元を訪れ、参考を含めると20ページにわたるロードマップ資料を手渡した。小池はパラパラとめくって「おまとめいただき、ありがとうございました」と述べつつも、それを丸めながら、「クラスター（集団感染）の再発生の危険を避けるバランスを考えていく必要がある」と、やはり「出口戦略」には慎重な姿勢を取るのだった。

ところが小池が22日に公表した「新型コロナウイルス感染症を乗り越えるためのロードマップ」は、都民ファ版とは似て非なるものとなった。

「新規陽性者数」「重症患者数」「受診相談窓口における相談件数」といった七つの指標を設けた上、ＳＴＥＰ０からＳＴＥＰ３に、外出自粛、休業要請を緩和していく。そして２週間単位で状況を評価するというもの。一方の都民ファ版は、「新規感染者数」「コロナ対応病床稼働率」「人工呼吸器使用率」の三つの指標で、緩和の段階分けも「警戒レベル5」から「レベル1」にしていく。

知事再選に向け、自民、公明を刺激しないため、小池はあえて都民ファの案を踏襲しなかったように思える。実際、知事サイドは当初、荒木らとの面会に難色を示したという。

さらにこのロードマップには、もう一つ、市場移転を思い起こさせるワードが入っていた。

「総合的な判断」である。

「STEP」を移行させるのにそれぞれ2週間かかるなら、STEP3になるのは最短で2カ月後。休業要請で青息吐息の業種からすれば、怒りを覚えるのんびりしたスケジュールだ。都知事選（6月18日告示、7月5日投開票）を意識してのことは自明で、「審議会の意見を踏まえ総合的な判断により緩和を実施」とある。「移転に向けたロードマップ」そっくりだ。

いいようにあしらわれた格好の都民ファ側は、怒りをあらわにした。

〈最後は「総合的判断」だと。言っている意味がわからない。それがアリなのであれば、そもそも基準など要らないじゃないか〉

ロードマップ公表の日、こうツイートしたのは新人都議・尾島紘平。小池の元秘書である。

「ＳＴＥＰ」はなし崩し的に移行し、小池が都知事選再出馬を表明した６月12日、ＳＴＥＰ３となった。15日には、感染第２波到来に備え、「ワーキングチーム」が発足。これまた「会議」を乱立させた築地市場問題を想起させるのだった。

こうした都庁職員にとってのデジャヴ（既視感）は、小池の言葉だけではない。現場の混乱もそうだった。

小池は４月10日、他の自治体に先駆け「感染拡大防止協力金」なるものをぶち上げた。休業要請のあった事業者に50万円、２店舗以上持つ場合は１００万円支給するという。

慌てたのは企業を所管する産業労働局だ。どのくらいの事業者が対象となり、予算をいくら積み上げなければならないか、まだ確定できていない状態だったからだ。

結局、９６０億円計上することとなるのだが、皮肉な巡り合わせがあった。

産業労働局トップは村松明典。小池に散々煮え湯を飲まされた市場移転時の、中央卸売市場長である。

大盤振る舞いの果てに……

「額が大きすぎる。前代未聞だ……」

コロナ対策で国との折衝を担う東京都副知事の多羅尾光睦は、そう頭を抱えた。

協力金含め、コロナ対策の費用は１兆４４６５億円に及んだ。これは緊急対策では過去最多だったリーマン・ショックの１８６０億円を大幅に上回る未曽有の額だ。

この大盤振る舞いは、東京都が47都道府県で唯一、国から地方交付税を交付されない、豊かな財政状況だからできた。加えて都には、緊急の出費に備える「財政調整基金」が潤沢にあった。これはいわば「貯金箱」で、年々積み増しており、２０１９年度の残高は実に９３４５億円に及んでいた。小池はそれを一気に取り崩し、残高は５００億円ほどになった。

まさにこうした時のための「貯金」なのだから、誰も異論はあるまい。だがそのツケがどこに来るかといえば、都政関係者なら誰もが想像できた。

１年後に延期された東京五輪である。

五輪延期によって、競技会場の賃貸料や職員の人件費など３０００億円もの費用が必要となる。立候補ファイルには資金不足になった場合「都が補填する」と記されている。ＩＯＣは８６０億円の負担を明言したが、大会組織委にある予備費は２７０億円程度。つまり２０

００億円弱を都が負担する計算だ。

６月４日、小池はメディアの目をかいくぐるようにして組織委本部のある晴海トリトンオフィスに出向き、組織委会長の森喜朗と会談。その席で、五輪の「簡素化」について話し合われた。それは総理の安倍が３月、Ｇ７首脳との会談で出した「完全な形で実施する」という声明に反することだった。

しかし東京都の財布を頼られている以上、小池の手元には「ない袖は振れない」という強力なカードができた。

やがてそのカードを鋭く切る時が来るかもしれない。

「五輪中止」という決断で。

コロナ禍が続き、五輪開催の機運が高まらなくなれば、小池は世論を見事に掬《すく》い取るだろう。もちろんＩＯＣ、組織委、スポンサーなど多くの関係者はそれを許さない。だがこんな時、「ジャンヌ・ダルク」の血は騒ぐのだ。「ちゃぶ台返し」こそが「劇場」を盛り上げることを、小池百合子は熟知している。

４年前のように――。

第2章

女性初の東京都知事

涙のマイク納め

小池百合子が泣いていた。

２０１６年7月30日午後8時前、第20回東京都知事選挙の最後の街頭演説、いわゆる「マイク納め」でのことである。公職選挙法により、候補者がマイクを使うことができるのは午前8時から午後8時までと決められている。

池袋駅西口「みずほ銀行前」。衆議院議員としての小池の選挙区（東京10区、主に豊島区、練馬区）に位置し、告示日の演説はここからスタートした。その時はビールケースの上で演説し「草の根」を演出した。だが最終日、駅前はびっしりと聴衆で膨れ上がり、小池は街宣カーの上に立たねばならなかった。

上空には複数の報道ヘリが舞う。聴衆が車道まであふれ出るので、通行車両が立ち往生する。動員された警官たちが警笛を鳴らしながら整理にあたる。私は遠巻きに取材していたのだが、その警官たちによって外へ外へと押し出されるのだった。

「都庁を百合子グリーンで染めていく！」

「皆さんとともに進みたい。新宿都庁であります。みんなで目指したい」

17日間に及ぶ選挙戦ですっかり声が太くなった小池は、感傷的な言葉を連ね、聴衆が沸くごとに「ありがとうございます」と返した。

小池は自民党を敵に回してたった一人で決起した。決起に至る経緯については後に詳しく触れる。小池はこの都知事選挙に敗れれば、中東に行ってコンサルタントをしようなどと腹をくくっていたというが、64歳の年齢からすると再起は厳しい。敗北は、政治家としての〝死〟に他ならなかった。組織に頼らない命がけの闘いであるから、目の前にいる聴衆の力こそすべてであった。

演説を終えるや、地響きのような「百合子！　百合子！」のコールが起こった。

緑色のジャケットの腕をまくった小池は、そのリズムに合わせてコブシを振り上げた。

そして、こぼれる涙をぬぐったのである。


翌7月31日の投開票日、マスコミ各社は小池の「8時当確」、つまり投票が締め切られる午後8時に当選確実の報を流すことを決めていた。事前の世論調査に加え、当日の投票所出口で聞き取りをする「出口調査」で、小池の圧勝が確実視されたからだ。

私が池袋駅前に降り立ったのは午後7時過ぎである。ときおり小雨が降り、まとわりつくような暑さの残る夜だった。

小池の選挙事務所は駅前ロータリーを隔てたところにある「のとやビル」６階。「百合子グリーン」のＴシャツ、ハチマキを身に着けた支援者や、テレビカメラなどマスコミ関係者で溢れているのが見えた。

１９８９年竣工の「のとやビル」は、煤《すす》けたように黒ずんだ壁から、築年数より古い印象を受ける。エレベーターは止まる時に大きく揺れ、乗る者を不安にさせた。６人制限とあるが、４人も乗ればいっぱいだ。小池も「エレベーターは古いけど、落ちた（落選した）ことはありません」と演説でネタにする。スタイリッシュな小池には似つかわしくないが、こうした場所を小池は意外と好むのだった。私がビルに足を踏み入れようとすると、男性スタッフが、何を今さら、といった表情で「もういっぱいで上がれませんよ」と告げた。当選した時の万歳三唱を、詰めかけたカメラマンを３回入れ替えて繰り返すのだという。

午後7時50分、小池を応援した唯一の自民党国会議員としてヒーロー扱いされた１回生代議士・若《わか》狭《さ》勝《まさる》が、ビル前に現れた。支援者らに握手攻めにあい、その周りをカメラが囲む。

どよめきが起きたのはその３分後であった。

白いパンツスーツの小池が姿を見せたのである。

「８時当確」と見られる候補者でも、普通は８時を過ぎてから選挙事務所に顔を出すものだ。

ＮＨＫにチャンネルを合わせたテレビを支援者が事務所内で固唾《かたず》を呑んで見守る。当選確実の速報で歓喜に沸く。近くのホテルなどで待機していた候補者が悠然と登場し、盛大な拍手で迎えられ、もみくちゃにされる――。小泉進次郎ですら、開票日の夜、事務所に現れるのは8時10分頃である。

小池はそうした前例を無視し、「初」を好んだ。

小池百合子　２９１万２６２８票
増田寛也　１７９万３４５３票
鳥越俊太郎　１３４万６１０３票

小池は、自民・公明が支援する元岩手県知事・元総務大臣の増田、民進、共産、社民など野党連合が支援したジャーナリストの鳥越を蹴散らし、候補者数が史上最大の21人に及んだにもかかわらず、歴代４位の獲得票数で圧勝した。

女性初の都知事の誕生である。

都知事選のテレビ番組の放送時間は、直前に行われた参院選の約2倍、２０１４年都知事選の約3倍となった。投票率も59・７３パーセントと14年の46・１４パーセントを大きく上回った。

「小池劇場」の主演女優兼演出家は、いかにして世に受け入れられていったのか。

そして、その劇場がいかにして作られていったのか、詳《つまび》らかにしていきたい。

女性初の総理候補

「小池さんは『女性初』を好みました。『女』を武器にしてもかまわないと思っている。その時代ごとに、最も力がある男に寄り添ってきた、いわば〝時代と寝た〟女性なのです」

政治ジャーナリスト・角谷《かくたに》浩一《こういち》の分析である。

角谷は海江田《かいえだ》万里《ばんり》（現衆院議員、元経産相）の秘書を務めた時期がある。その秘書時代の１９９３年、海江田が日本新党から立候補を要請されたというので、指定されたホテルの中華料理屋に向かった。そこにいたのが、新人参院議員ながら日本新党組織委員長の小池、その秘書の中田《なかだ》宏《ひろし》（後に衆院議員、横浜市長）だった。小池は国会議員となって1年足らずにもかかわらず、すでに「幹部」の風格を備えていたという。

「小池さんは何をすればニュースになり、どのような反響があるか計算できる人。海江田さんの選挙戦で、七夕の紙面を飾ってもらうため、小池さんと一緒に浴衣を着て願いごとを書くパフォーマンスをした。その時小池さんは恥ずかしがることなく、気合を入れて自分の浴衣や下駄を持ってきてくれた。翌日のスポーツ紙にはデカデカとその写真が使われ、〈政権交代を〉の見出しが躍りました」（角谷浩一）

小池百合子は1952年、兵庫県芦屋市に生まれた。父・勇二郎は石油などの貿易を扱う「国際三昌」という会社の社長として、世界を飛び回っていた。母・恵美子は専業主婦だったが、やがてエジプト・カイロで日本料理店を切り盛りするという独立心に溢れた女性だ。きょうだいは兄・勇が一人おり、ミャンマーに拠点を置く会社の社長となっている。

本書で述べていく小池の人間性や政治行動は、こうした家庭環境に多分に影響されたはずである。

地元の公立小を卒業した小池は、お嬢様学校として知られる神戸市の甲南女子中・高へと進む。2017年6月の東京都議選に合わせて出版されたカメラマン・鴨志田孝一による『小池百合子写真集』（双葉社）には、当時の写真が掲載されている。バイオリンの発表会、「使節団」の形で外国に飛び立つ前のスナップ写真があり、今の時代から見ても十分な「令嬢」だったことがわかる。

父・勇二郎は政治にも傾倒していた。中曽根康弘、石原慎太郎といった政治家に近づいていく。さらには１９６９年12月、自らが衆院選・兵庫２区で出馬してしまうのだ。小池が高校２年生の時だ。小池の「唯一の自伝」と銘打たれる大下英治著『挑戦　小池百合子伝』（河出書房新社）では、小池が母に「落選したらどうなるの」と尋ね、母が、

「一家心中だわね」

と語ったというエピソードが披露されている。勇二郎は12人中10位という無残な敗北を喫したが、一家心中はせずに済んだ。

関西学院大学に進学を果たすが、ものの数カ月で退学する。そしてアラビア語を極めようと思い立ち、エジプト・カイロ大に留学するのだ。

その留学中、小池は日本人留学生と結婚。だが１年ほどで別れている。前掲の『挑戦』によれば、夫が大学を辞めてサウジアラビアで働くというので、それについていかなかったことが理由のようだ。

帰国後、小池はアラビア語通訳として自立した。その小池に目をつけたのが、政治評論家として人気を博した竹村健一だった。竹村は、父・勇二郎と大阪の青年会議所（ＪＣ）に所

属していた頃からの付き合いで、国際経験豊かな「自慢の娘」に興味を持ったのだった。

竹村が自身のラジオ番組に呼んだことをきっかけに、小池は「竹村健一の世相講談」（日本テレビ）のアシスタントキャスター、「ワールドビジネスサテライト」（テレビ東京）初代キャスターと、テレビ界で独自のポジションを切り開いていく。

小池の政界入りのきっかけは、熊本県知事を務めた細川護熙《もりひろ》が「日本新党」を立ち上げたことだった。朝日新聞出身の細川は、朝日新聞編集委員・伊藤正孝を通じ、知名度が抜群の小池に出馬を打診したのだ。

１９９２年の参院選で、小池は日本新党の比例名簿2位に名を連ねた。比例区は個人名か党名で投票し、党ごとの得票数で当選者の数が決まる制度だ。現在の比例区は個人の得票数順に当選が決まるが、当時は名簿順だった。日本新党の名簿1位は細川だから、細川・小池は「二枚看板」の扱いだった。

小池は楽々当選を果たす。40歳の時であった。小池の好むグリーンは、日本新党のイメージカラーだった。

女性議員が今とは比較にならないほど「色モノ」扱いされていた時代、小池はそれを積極的に受け入れた。

初登院の日にはサファリルックで現れ、「永田町には猛獣や珍獣がいると聞きましたので」と言い放ってニュースを作った。ミニスカートを穿き、週刊誌カメラマンから際どいアングルを狙われても意に介すことはなかった。事務所には、小池を「先生」と呼ぶと５００円徴収する貯金箱が設置された。私が初めて小池事務所を訪ねた時、目に飛び込んだのがその貯金箱だ。否が応でも来訪者の印象に残る。これも小池流の演出なのだろうと後に私は思った。

93年には衆議院の旧兵庫２区（定数５）へ鞍替え立候補する。中選挙区制の最後にあたる選挙で、土井たか子・元社会党委員長に次ぐ得票数で当選した（小選挙区制では兵庫６区に選挙区を構えた）。

小池はまず、総理に就いた細川護熙の庇護を受けた。94年12月に日本新党は解党し、新進党に移行するが、当時の同僚、池坊《いけのぼう》保子元文科副大臣はこう回想する。

「小池さんは自分の魅力をフルに使った。細川さんに急に夜、呼び出され、『嫌ね、こんな遅くに』と嬉しそうに車を運転していく小池さんの姿を、よく覚えています」

細川が失脚した後、今度は小沢一郎を追って自由党入りする。やがて分裂すると、小沢の元を離れて保守党所属へ。この保守党の実力者が、後の自民党幹事長・二階俊博だ。

私が永田町を取材し始めたのはその時期で、小池には、朝銀信用組合の破綻問題で初めて話を聞いた。まだ「キャスター上がりの若手議員」といった域を出ておらず、駆け出しの私に対しても、気さくに受け答えしてくれた記憶がある。

だが小泉純一郎に誘われて2002年に自民党入りするや、出世の階段を一気に駆け上がっていく。入党して1年も経たないうちに、環境相として初入閣するのだ。

環境相時代に進めた夏場の軽装キャンペーン「クールビズ」は今やレガシー（社会的遺産）となった。この時、経済界を巻き込んで成功させたことが、政治家としての自信につながったようだ。「女性初の総理候補」といえば掛値なしに小池となった。嫉妬も手伝って「政界渡り鳥」と揶揄されるのは、その頃からだ。

05年のいわゆる「郵政選挙」で小池は、郵政造反組への〝刺客〟として兵庫6区から東京10区に地盤を変え、「小泉劇場」の一翼を担った。

ところが歯車が狂う。自身より政界入りが1年遅く、年齢も2歳下の男が総理に就いた。安倍晋三である。

06年の第1次安倍政権で、小池は首相補佐官、07年には防衛相となる。防衛相は「女性初」だ。

防衛省には、〝天皇〟と呼ばれた防衛事務次官・守屋《もりや》武昌《たけまさ》が君臨していた。次官の任期は通常２年のところ、守屋は５年目に入っており、小池は更迭を考えた。だが、守屋もさるもので、官邸サイドに根回しをして膠着状態となる。結局差し違える形で小池も守屋も辞任することになった。わずか55日間の在任だった。

ただしこれは参院選で大敗し「死に体」となった安倍政権から逃げ出すためと見られた。同年９月、安倍は自ら退陣する。

「主人が辞めることになったのは小池さんのせい」

安倍夫人の昭恵は、後に公然と支持者にそう語ったという。

意外なようだが、小池は野心をおくびにも出さず、どんなに親しい相手でも「総理になりたい」などと口にすることはなかった。だから08年９月、自民党総裁選に立候補した時には周囲が驚いた。「女性初」の候補者は３位という結果に沈んだ。

自民党が下野すると谷垣禎一《さだかず》総裁のもと、総務会長に抜擢される。自民党三役に就いたのも「女性初」だ。

12年、安倍晋三はカムバックを果たし、第２次安倍政権が発足した。小池には広報本部長という申し訳程度のポストがあてがわれた。一方で高市早苗《たかいちさなえ》、稲田朋美、丸川珠代《たまよ》といった安倍に近く、小池より若い女性議員が台頭していく。いつしか「女性初の総理」候補に、小池の名は挙がらなくなった。

常に陽のあたる場所を歩いてきた小池の落ち込みようは想像に難くない。ある議員は、小池が予算委員会の後方の席でぶつぶつと独り言にも似たヤジを飛ばす姿を見て、「終わった政治家」だと感じた。「一丁上がり」とされ、国際機関から要職のポジションが打診されたという。

だが小池は終わらなかった。総理大臣を凌駕するポジションがある。しかも「女性初」——。

東京都知事だ。

一般会計が約7兆円、特別会計が約4兆円、公営企業会計が約2兆円の計13兆円で、スウエーデンの国家予算並みの規模の予算編成権・執行権を手中に収める。首長で唯一、ＳＰ(セキュリティポリス)の警護が条例で定められていることからも、総理に比肩しうる政治ポストである。

「環境省は３０００億だけど、都庁は7兆よ!」

小池は知人にそう語り、漲《みなぎ》るやる気を隠そうとはしなかった。

「仮面」をかぶる女

東京都知事選には「後出しジャンケン」が有利という〝神話〟があった。１９９５年都知事選で青島幸男、99年に石原慎太郎がそれぞれ、各候補が出そろった後に突然出馬表明し、初当選にこぎ着けたためだ。最後の候補者となって話題を集めるとともに、選挙戦に入ると、メディアが公平性を保つため、スキャンダル報道をしなくなるという狙いもある。

それを小池が知らないわけはないが、いち早くスタートを切っている。

「小池都知事説というのが紙面を賑わせているんですけど。こんな生放送で来ていて、聞かないわけにはいかない」

前出の角谷浩一は、一枚のメモを見ながら小池に問いかけた。２０１６年5月28日、ニコニコ動画「小池百合子×角谷浩一　日本人の知らないイスラームの世界」の終盤のことである。

16年のゴールデンウィーク発売号の「週刊文春」は、東京都知事の舛添要一が公用車で毎週のように湯河原の別荘に通っていることをスクープ。続報で「ゆったり、たっぷり、の～

んびり」のCMで知られる千葉県木更津市の「竜宮城スパホテル三日月」を、政治資金収支報告書に「会議費」と計上していることも突きつけた。舛添の記者会見でのしどろもどろの対応は格好のワイドショーネタとなり、辞任も時間の問題と見られた。小池が「イスラームの世界」を語るネット番組に出演したのは、そんな最中であった。

番組は淡々と進み、残り時間10分を切る頃、小池は一枚のメモを角谷に差し出す。

〈都知事選の話題　OK〉

打ち合わせにはなかったが、これを聞けというわけだ。

それを受けて角谷は「出馬説」をぶつけた。しかし小池は、さも突然の質問であるかのように、虚《うつ》ろな目で表情を変えないまま、首をかしげた。

第1章で触れたように、小池の表情は独得だ。

小池は、たとえ答えにくい意地悪な質問であっても、想定内であればこのように表情を押し殺す。

角谷の質問に対して小池は、

「舛添さんは元々ああいう人です。それをわかってて、自民、公明で推薦したわけでしょ」

「舛添さんの去就次第ですから」

と言質を与えない。角谷からすれば、「自分から話を振っておいて」の心境だ。「大した答えにならなくて」と角谷が不満げな顔を見せて、この番組は終わる。

「小池さんは5月中に私の番組に出たいと盛んにオファーしてきたんです。私は、イスラームの世界なんて門外漢です。自民党が推薦した以上、党内で舛添批判の声が出づらい中、『自分は舛添を批判できる』ということをアピールしたかったのでしょう。ただ、これを地上波でやると、やらせの印象が強くなる。小池さんの計算しつくした戦略でした」（角谷）

その放送から2週間後の6月14日、世論に抗《あらが》えなくなった都議会自民党は不信任案提出の方針を固め、舛添は辞任を余儀なくされた。

しかし所属する自民党は、小池の野心を見透かしたように無視し続けた。

舛添辞任を受け、自民党東京都連は17日、永田町の党本部で会合を開いた。幹部席に座った議員がこう報告した。

「候補者は人気をあてにしたタレントのような国会議員でなく、官僚出身者など実務型が望ましい」

小池へのあてつけに他ならなかった。

「櫻井さんがいいのでは」

都議出身の衆院議員・大西英男が同調した。「櫻井さん」とは、人気アイドルグループ「嵐」の櫻井翔の父で総務事務次官の櫻井俊だ。まさにこの日を持って勇退することもあり、メディアは出馬を煽っていた。

結局、会合では候補者が決まらなかった。終了後、部屋を出た大西は、横に小池がいることに気づいた。

「櫻井さんねぇ……」

小池は聞こえよがしにそうつぶやき、足早に去っていった。

カネの問題で辞任に追い込まれた舛添の後任に、小池は自らこそふさわしいと考えていたに違いない。6月19日放送の「池上彰の今、知りたいニッポンの大問題２」（テレビ東京）の取材を受け、11月に公表される２０１５年分の政治資金収支報告書を、あえて前倒しで公開している。

自民党東京都連は意地になって「小池以外」にこだわった。小池は都知事の任に到底ふさわしくないと考えていたためだ。小池が後に〝天敵〟扱いする萩生田《はぎうだ》光一（後に文科相）に、私は折に触れて議員会館で話を聞くことができたが、萩生田は、小池をこう評した。

「僕は小池さんと親しい方だったけど、何も嫌いで都知事にしたくないんじゃない。似合わないんだよ。散らかして、後はよろしくね、と腰を据えて仕事をするタイプじゃない。豊洲市場問題どころか五輪への関心も聞いたことがないしね。文化祭の実行委員はできても生徒会長はできない女性なんだ」

党本部に突撃した小池

角谷の携帯電話に小池から連絡があったのは、参議院選挙真っただ中の６月29日午前のことだ。

「出馬することに決めたわ。私は10年に一度、勝負するのよ。初出馬、衆議院選挙の国替え、そして今回よ」

小池の政界進出は１９９２年。２００５年の「郵政選挙」では選挙区を変えた。ほぼ10年ごとに、勝負をかけてきたというわけだ。

午前11時、小池は衆議院第一議員会館５１８号室で出馬会見を開くのだが、自民党東京都連会長の石原伸晃はテレビで会見を知るという屈辱を味わう。

出馬表明をこの日にしたのは理由があった。都連は櫻井、元建設官僚で岩手県知事を務めた増田寛也、前外務事務次官・齋木《さいき》昭隆《あきたか》といった元官僚の擁立にこだわっていたが、その日午後、石原が櫻井と会談する予定だった。次官まで上り詰めた骨の髄まで官僚の櫻井からすれば、自らが自民党の分裂選挙の引き金になることは避けたいはずだ。小池はその役人心理を巧みに突いたといえる。

小池の見立て通り、櫻井との会談は不発に終わる。だが会見で発表した「公約」が、問題だった。

「次の都知事選が東京オリンピック・パラリンピックの期間にかかる問題が浮上した。任期を3年半とすることでその混乱を避ける方法もございます」

次期都知事の任期は20年7月30日までのため、同年7月24日に開会される東京五輪に、都知事選挙が重なる。これを回避するため小池はそうぶち上げたのだが、知事の任期は地方自治法により4年と決まっており、「公約」実現には国による法改正が必要だ。

幸い、報道陣の知識不足でその場では指摘されなかったが、知事選の第一声にしては、いい加減なものだった。

それでも自民党は、参院選の最中であることを理由に動かない。1週間後、ついに小池はしびれを切らし、議員会館の同じ部屋で会見を開く。

「東京都連の一員に名を連ねてきたが、正直申し上げて、ブラックボックスのような形でございました」

と、オフレコの場で口にしてきた都連への不満を一気に爆発させたのだ。小池は都連会長代理の職にあったが、都連の方針がごく一部で決まり、口出しができなかった。それを小池は陰で「ブラックボックス」と揶揄しており、やがてこれが知事選、翌17年の都議選のキーワードとなっていく。

ただしここに至っても、政策は見えてこない。

先に触れた「任期3年半」を撤回したかと思いきや、今度は「冒頭解散」「利権追及チーム」「舛添問題の第三者委員会設置」を打ち出す。「冒頭解散」といっても、知事に解散権はなく、議会側が自主解散の議決をせねばならない。これまた知事候補としての公約ではありえないのだ。

なぜ、少しでも調べれば不備がわかる公約を、恥ずかしげもなく発表してしまうのだろう。

私は当時を知る関係者に取材したが、皆、異口同音に「わからない。自分がいれば止めていた」と語る。小池自ら考え出した可能性が高い。

しかし小池の巧妙なメディア戦略が、公約の不備を指摘する暇を与えなかった。

「小池さんはキャスター時代から、いかに自分がテレビによく映るかばかり考えていた。都民ファーストならぬミー（自分）ファーストなんです」（古い知人）

7月10日の参院選投開票日でのことだ。自民党の大勝は予想されており、メディアの関心はすでに小池の動向に移っていた。

投開票日は決まって、支援した議員らが選挙事務所に駆けつける。東京選挙区で自民党は、現職の中川雅治と新人の元ビーチバレー選手・朝日健太郎を擁立しており、小池は中川の事務所に来ると見られた。私も小池を待ち構えた。だが一向に現れない。

実はその時、小池は自民党本部に向かっていたのである。

自民党本部には「開票センター」が設けられていた。ボードに並べられた候補者名に、安倍ら党幹部が並んで「バラつけ」をするお馴染みの光景だ。だから党本部玄関は、記者やカメラマンでごった返していた。

そこに小池は突撃するのだ。時間も絶妙で、テレビ各局の選挙特番が始まる午後8時から数十秒すぎた頃だ。目指すは1階の都連事務局。会長の石原らは中川の選挙事務所におり、事務員しかいないことを知った上での行動だった。

泡を食ったのは記者たちだ。整然と並んでいたテレビカメラが雪崩《なだ》れを打って小池に近づく。だが小池は動じない。例によってわざとらしく「あらどうしたの？」という顔つきを見せた。

小池は事務局に「推薦の取り下げ願い」を手渡し、帰り際、記者団にもみくちゃにされながらコメントした。

「参院選が終わったが、これまで何もなく、これから推薦をもらうことも難しい」

さらに翌日、小池は幹事長・谷垣禎一に「進退伺い」を出し、党の決定に従わない自身の処遇を「まな板の上の鯉」とした。もし自民党が小池を除名処分などすると、世間の同情を買うことができるだろうという戦略でもあった。

小池は自民党の大勝に水を差し、自ら「劇場」の幕をこじ開けた。

相手陣営の自滅

相手陣営は、面白いようにコケていった。

自民党東京都連の会合で〈都知事選挙における党紀の保持について〉なる文書が配布された。〈議員（親族等も含む）が、公認・推薦候補以外を応援した場合は、除名等の処分の対象になる〉と記されている。自民党の推薦候補に決まった増田寛也以外を応援するなというわけだが、「親族等を含む」という文言は行きすぎだ。配布を了承していたのは石原らごく一部で、多くの所属議員にとっても寝耳に水、違和感たっぷりの文書だった。

これを受けての小池の瞬発力は見事だった。

「私を応援した議員は、一族郎党処分すると言っている」

そう演説で述べ、東京地検検事出身の若狭勝も「『親族』とあるが、民法上は重いもの。法律用語を知らない人が書いた」と援護射撃した。

トレードマークの口ひげやわかりやすい法律解説で、コメンテーターとして人気を博していた若狭は、２０１４年12月の衆院選で、比例東京ブロックで初当選したばかり。自民党東京都連の「ブラックボックス」ぶりを疑問視していた一人で、現職国会議員で唯一、小池支持を明言していた。

さらに決起集会で石原慎太郎が「大年増で厚化粧の女に任せるわけにはいかないよ」と発言。石原流の毒舌、では済まされなかった。しかも席を並べた都連幹部、何より増田も一緒になって笑う様子がカメラにとらえられ、支持急落は決定的となった。小池はテレビ出演した際、「子どもの頃からアザがあり、隠すために医療用の化粧をしている」と述べたものだから、世間は大いに同情した。

小池が自民党以上に脅威に感じていたのが、野党共闘で担がれた鳥越俊太郎であった。テレビ朝日の報道番組「ザ・スクープ」やワイドショー「スーパーモーニング」キャスターとして、中高年の間での知名度は抜群に高い。

「鳥越のスキャンダル、ないかしら」

小池はそう周囲に相談したという。

タイミング良く〝文春砲〟が炸裂した。かつて鳥越が、都内の私立大学に通っていた女子大生に、みだらな行為に及ぼうとしていたとの記事を「週刊文春」が報じたのだ。

鳥越は毎日新聞社の「サンデー毎日」編集長だった１９８９年、政治家の下半身ネタがご法度の時代に宇野宗佑《そうすけ》総理の不倫疑惑報道に踏み切っている。近年では「停波発言」をした高市早苗総務相をこき下ろしたりと、政治を舌鋒鋭く批判するジャーナリストだ。逃げも隠れもしないと思われた。

ところが鳥越は逃げ回るどころか、「週刊文春」発売日の7月21日に、選挙妨害として公選法違反、名誉棄損で同誌編集長・新谷学を刑事告訴した。自身のことになると口をつぐむ対応によって、鳥越は一気に支持を失った（17年3月、嫌疑不十分で不起訴処分となる）。

もちろん、この記事を小池サイドが仕掛けたわけではないにせよ、結果として小池の思惑通りとなった。

「築地移転反対派」の票を取りに行く

これに乗じて小池は「市民VS大組織」の構図を先鋭化させていった。女性がたった一人で決起し、自民党という大組織に立ち向かう構図にメディアが飛びつかないわけはなかった。その象徴として小池が使ったのは「ジャンヌ・ダルク」だ。

「私はジャンヌ・ダルクみたいといわれますが、ちょっと違う。彼女はまず、若い。火あぶりになる覚悟で都庁に行きたい」（7月30日の最終演説）

笑いを取りつつも、フランス軍を率いながら宗教裁判にかけられ、19歳で火あぶりの刑に処せられたフランスの国民的ヒロインに、小池は自らを重ね合わせるのだった。

この時点で、小池は当選圏内だったといえるかもしれない。

東京都知事になって小池は、「やれることはすべてやる」といった執拗かつ生真面目な面を見せるが、この時も手を抜かなかった。禁断の政策に踏み入れるのだ。

「2兆円だ、3兆円だという。お豆腐屋さんじゃないんですよ！」

告示日の第一声で、小池はそう吠えた。

２０１３年９月、ＩＯＣ（国際オリンピック委員会）総会で東京五輪招致が決定。その時の開催費用は７０００億円と見込まれた。しかし15年７月には「最終的には２兆円を超すことになるかも」（東京五輪組織委員会会長の森喜朗）、同年10月、知事の舛添が「３兆円は必要」と述べ、青天井の様相を呈していた。小池は「お豆腐屋」の絶妙な喩《たと》えで、それらをぶった斬り、このフレーズを選挙戦で何度も使った。

　選挙戦折り返しとなる７月22日には、さらなる領域に立ち入る。中央区の築地場外市場を訪れ、市場移転反対の団体から「年末準備期間となる11月７日の移転に反対している」との要望書を受け取った時、

「一旦立ち止まる」

と反射的に応じたのだ。その後の記者の囲み取材でも、

「皆さんがご納得いただけるような方法を模索していきたいと思う。それがゆえに、一旦立ち止まる、ということにした」

と明言する。

　１９３５年に開場した築地市場は、老朽化により石原都政の01年、江東区豊洲の東京ガス工場跡地への移転が決定された。12年をめどに移転予定だったが、08年、環境基準の４万３

000倍のベンゼンが検出され反対派が勢いづく。14年、舛添知事が「安全宣言」を出し、16年11月7日の豊洲新市場開場が正式決定した。豊洲市場の整備費は、都心一等地にある築地市場の売却益で賄《まかな》うこととなった。

五輪は3年、市場移転に至っては実に15年もの歳月をかけ、関係者がガラス細工のように積み上げた政策決定を、小池は蹴散らそうというのだ。

たしかに五輪の成功は国際派の小池だけに思い入れがあるようで、選挙公約に〈五輪関連予算・運営の適正化〉と打ち出してはいる。だが市場移転に関しては、一文字足りとも触れていない。

「選挙対策の打ち合わせでも『築地には踏み込まない』となっていたので、驚きました。鳥越さんは、立候補を取り下げた宇都宮健児さんが求めた『移転作業の中断』を受け入れず、中途半端な立ち位置になっていた。そこで小池さんは『移転反対』の票をごっそり取りにいったのです」（陣営幹部）

それにしても、「任期3年半」に端を発し五輪、築地と、考えに考えを重ねた上での公約とはとうてい思えない。選挙対策とはいえ有権者をバカにしていないか。

小池に仕えた経験のある霞が関官僚はこう解説を加える。

「小池さんはかねてから、ワイズスペンディング（賢い支出）という言葉こそ使わないものの、『これは値打ちよね～』『費用対効果は？』と消費者目線を大切にしていた。五輪や市場も、その視点で切り込んだのでしょう。準備不足の原因は、小池さんが政治家は〝夢〟を語るものだと考えているからです。公約に『2階建て通勤電車の導入』と掲げましたが、『日本の満員電車は世界標準でない』という持論をどう解決するか、その〝夢〟を追った。政治家が、積み上げたものしか語らなくなったらつまらないでしょう」

小池が、自民党という巨大組織に立ち向かったのは、〝夢〟を叶える「手段」であるべきだった。だが意図してなのだろうが、「目的」と化していた。その単純な構図にメディアは飛びつき、熱狂が生まれ、「小池劇場」は形作られた。

小池は涙の先にいた聴衆の期待に応えるべく「ジャンヌ・ダルク」を演じるのだが、やがて軽やかに、したたかに脱皮を図っていく。

第3章

自民党東京都連のドン

千代田と呼ばれる男

東京都議会で「千代田」と呼ばれる男がいる。

内田茂のことである。

内田が千代田区選出の都議だからだが、住まいの場所から当時の天皇皇后両陛下を「千代田」、皇太子夫妻を「赤坂」と呼んだように、その隠語にはどこか御簾《みす》の向こう側の響きを感じさせ、〝自民党東京都連のドン〟にはふさわしかった。

しかし、見た目からは〝ドン〟の風格は感じられない。白髪のくせ毛をオールバックにした狸顔。小柄でずんぐりした体躯。政治家にしては声に迫力がなく、演説で聴衆を盛り上げることはない。

インタビューはまず受けない。私も自民党本部や都議会、事務所前で直撃を試みたが、「週刊文春の～」と口にして名刺を渡そうとしても、受け取ることさえしない。質問を投げかけても「俺はいいよ」とけんもほろろの対応だ。〝ドン〟への妄想はますます膨らんだ。

ちなみに、内田の後継の自民党東京都連幹事長となった高島直樹の呼び名は「あんこ屋」である。足立区にある実家が「高島製餡所」だからだ。こちらはどっしりとした体躯で声が大きい。付き合いのない私が携帯電話にかけても、「お世話になります！」と丁寧に取材に応じる。答えられない時も「ごめんねえ」だから、記者としては憎めない。

対照的な二人だが、隠語の違いにも表れるように、影響力の大きさは比較にならなかった。千代田区議４期、区議会議長まで務めて都議となった内田は「根回し」「気配り」でのし上がってきた、小池百合子と対極にある人物だ。

娘が三人。酒は飲めない。あんみつなど甘い食べ物を好む。うまいピザ屋や中華料理屋をよく知っており、与野党の若手議員を誘ってはご馳走した。「政治家は配偶者が最も苦労している」と、夫婦同伴の食事会も開いた。業界団体の陳情には何十分でも耳を傾ける。予算の隅々まで把握し、都の財務局と話をつける。一方で、業界にカネどころかパーティ券購入すら要求しない――。

こうして都庁を掌握した内田が、〝ドン〟となったきっかけは、２００５年、石原慎太郎都政の副知事・浜渦《はまうず》武生《たけお》を百条委員会（地方自治法１００条に基づく、強い調査権限を持つ特別委員会）に引きずり出したことからだ。浜渦は、石原が週に3日ほどしか登庁しないのをいいことに都庁を牛耳り、職員から「ドーベルマン」「狂犬」と恐れられていた。

05年3月の議会で民主党が、都社会福祉事業団が民間の学校法人に事業委託した経緯について質問した際、浜渦が「不法でない形で処理しなければならない」と答弁。それが自民党の不正を炙り出すために、民主党に質問させた「やらせ質問」だったとして、内田らが嫌らしく追及したのだ。百条委は35年ぶりの設置だった（第5章で詳しく触れるが、歴史とは皮肉なもので、その12年後の17年、浜渦は再び市場問題の百条委に呼ばれることとなる）。

浜渦は辞職。石原は「泣いて馬謖《ばしょく》を斬る」と白旗を上げた。

その実績をひっさげ、国会議員が務めるのが慣例だった都連幹事長に内田が就任する。一方で石原伸晃を会長に戴くことで、父・慎太郎の親心をくすぐることも忘れなかった。候補者擁立など、自民党東京都連の重要な決定は、内田らごく一部の幹部で決定された。だから、小池が「ブラックボックス」と批判した念頭には内田があった。

２０１６年７月の知事選敗北を受け、10年に及んだ自民党東京都連の「石原伸晃会長―内田茂幹事長」体制に終止符が打たれた。都連会長には安倍晋三の盟友で、夫人同士の交遊もある元文科相・下村博文《はくぶん》がいち早く名乗りを上げ、都連会長を選ぶ選考委員会委員長の深谷隆司（都連最高顧問）らに根回しを始めた。もちろん総理の安倍も了解している。都連会長は大臣経験者という不文律があり、異論は出ようがない。

さて幹事長人事だ。下村が会長に内定した以上、下村の責任で決めなければならない。〈都連幹事長は都議〉を慣例にしたい内田は、選考委員長の深谷に念を押す電話を入れている。

下村は党幹事長の二階俊博、そして内田と会合を持つ。その席では「内田の傀儡」の是非は全く話題に上らなかった。下村は、二階の後ろ盾を得たとして、幹事長人事を都議会に丸投げする。

都議会自民党が満場一致で推薦を決めたのは「あんこ屋」こと高島だった。区議3期を経験した叩き上げで、自他ともに認める内田の最側近である。

東京都連は〝内田傀儡〟となった。

内田と市場移転

劇的な当選からわずか1カ月後の2016年8月31日午後1時半。珍しく地味な黒いスーツで登場した小池は、記者でぎっしり埋まった都庁第一本庁舎6階の記者会見場に現れた。

「豊洲新市場への移転については、延期といたします。また、11月2日に予定されております築地場内市場の閉鎖及びその後の解体工事も延期とさせていただきます」

小池は築地市場の移転をストップさせた。それは内田が調整に調整を重ねた〝芸術作品〟に小池が一太刀を入れたことでもあった。

１９３５年に開場した築地市場は、取扱量の増大、車両増加への対応が迫られ、鈴木俊一都政の86年、築地での再整備計画をまとめ91年に着工。だが営業を続けながらの改修に業者から反発があり、96年に頓挫する。

移転へ舵を切ったのは99年、石原都政の時だ。01年、江東区豊洲の東京ガス工場跡地への移転が決定される。

08年、環境基準の４万３０００倍のベンゼンが検出されたことで反対派が勢いづく中、09年の東京都議選で「築地移転反対」を公約の一つに掲げた民主党が第一党に大躍進。共産党などの移転反対勢力が議会の過半数を占めた。

内田はこの選挙で落選の憂き目にあったが、朝早くから都議会に〝出勤〟した。

自民党控室には自身の机もあった。自民党は第二党となったにもかかわらず、情報は内田に集まった。

「条例改正の手続きのいらない軽微な事案でも、都の幹部は逐一内田さんに話を通していた。議長は民主党議員ですが、議長が誰と会っているかという情報も筒抜けになっていた」（元民主党都議）

内田の手腕が発揮されたのは11年３月、豊洲市場建設設計の予算案採決でのことだ。

本会議の議席数は議長を除く と125。知事を支える自民・公明は62議席、批判的な民主・共産などは63議席で、たった一人の造反で可決できるという神経の磨《す》り減る審議となった。

内田は、民主党の「移転に関する特別委員会」委員長・花輪《はなわ》智史《ともふみ》に目をつけた。花輪は翌月の世田谷区長選に出馬したがっていたからだ。

ただ社民党の保坂展人《のぶと》も出馬の意向を示しており、民主党からの出馬では当選は望めない。そこで人気の衰えない都知事の石原慎太郎を応援に回し、自民党も全面バックアップすると確約したのだ。

花輪は賛成に回り、予算案は可決される。一方、花輪が出馬した世田谷区長選には、約束通り石原が応援に駆けつけたが敗れてしまう。ここからが内田の腕の見せどころだ。

「内田さんは花輪を東急系の会社へ再就職させることで落選後の面倒を見た。内田さんは『あれで花輪への借りは返した』と話していました」（民主党都議。花輪は私の取材に「誰かと勘違いされているのでは」と否定。17年衆院選で希望の党公認で出馬するが敗北）

翌年の豊洲移転の土壌汚染対策工事などに関わる予算案でも、内田は民主党に手を突っ込む。

次のターゲットは相川博。石原慎太郎を応援しては民主党から処分を食らい、ハネっ返りとしてくすぶっていた都議である。

「副知事の佐藤広さんが私の高校の２年後輩なのですが、佐藤さんが『内田先生と一回会ってくれないか』と言ってきたのでお会いしました」（相川）

内田は、相川に八王子市長選に出るよう促す。相川は民主党に離党届を出し、トレードマークの口ひげを剃り、予算案の賛成に回り、可決された。

しかし市長選の調整はつかず、相川の出馬は叶わなかった。政治の世界で「密約」などないに等しいが、内田の気配りはレベルが違った。相川を自民党に入党させるどころか、都議会自民党幹事長にまで抜擢したのだ。

「外様の人間を党幹部に抜擢するんだから驚いたよ。これが絶妙なのは、前任幹事長の村上英子《ひでこ》が、任期途中で渋谷区長選に出馬し、都議を辞職したことで回ってきたポストだから。つまり相川は、残りの任期３カ月だけ幹事長を務めることになる。だから周囲も納得するし、相川への借りも返せるというわけだ」（自民党都議）

11年から14年にかけ、汚染物質対策工事を８５８億円かけて実施し、開場予定はずるずると延期された。ようやく舛添都政の14年12月、豊洲市場開場を16年11月７日とすることを正式決定した。

内田らの針の穴に糸を通すような苦労を、小池はリセットしたのだった。

千代田区長選　トリプルスコアの圧勝

２０１７年２月５日投開票の千代田区長選ほどワイドショーを席捲した区長選は、過去にも、そしてこれからもないであろう。先に述べたように、千代田区は内田の選挙区であり、小池百合子VS内田茂というわかりやすい構図にマスコミは飛びついた。

１月23日に「地域政党」としてスタートを切った「都民ファーストの会」の初陣であり、７月の都議選の前哨戦、さらに「小池劇場」の中間テストの意味合いもあった。

小池が内田批判の一例としてしばしば語ったのが４年前の区長選だ。かつて内田は東京都福祉局長まで務めた石川雅己《まさみ》を担ぎ、01年の初陣では選対委員長を務めた。期数を重ねると決裂することは政治の世界ではよくあることで、両者もそうなった。石川が４選を目指した区長選で、内田は元副区長を擁立したものの石川に敗れる。しかし都連幹事長の座を降りることはなかった。

５選を目指す石川を、小池は支援することにした。75歳という高齢、多選の石川を推す気にはなれなかったが、選挙では現職が圧倒的に優位であること、そして「敵の敵は味方」との理由から全面支援することとなった。

内田が擁立したのは、自民党政経塾の塾生でもあった与謝野信《まこと》、41歳。東京大学を自主退学し、フランスの金融機関「ソシエテ・ジェネラル」に勤め、英語、フランス語が堪能という華やかな経歴だ。元財務相・与謝野馨《かおる》の弟の息子、歌人の与謝野鉄幹・晶子夫妻のひ孫にあたり、「与謝野」のブランド力があった。小池とすれば、与謝野の方を推したかったに違いない。

その反動か、1月13日の定例会見は辛辣だった。

「与謝野先生の甥御さんということで、とても自民党的な選び方だなと」

「与謝野さん、そういえば最後、何党でいらしたですかね？　甘党？」

内田は、東京都知事選以降、メディアの取材に応えることは皆無だったが、それは自身の足元の選挙戦でも変わらなかった。出陣式など、公の場にすら姿を見せなかった。

与謝野は石川への批判を封印し〝代理戦争〟でない旨を強調した。ところが、

「代理戦争？　その通り」

と演説で語ったのは、他ならぬ小池だ。小池は1週間の選挙戦で5回も石川の応援に入っ

た。陣営は、ガラス張りの選挙カー、緑色のポスターなど〝小池色〟をこれでもかと打ち出した。

蓋を開けると、予想以上の結果だった。

石川１万６３７１票、与謝野４７５８票。３９７６票と善戦したのは〝第三の候補〟、五十嵐朝青《あさお》なる人物で、東大卒の41歳、精悍な顔つき、弟は現職の茨城県つくば市長という、これまた〝小池印〟をつけたくなる人物であった。

小池は「中間テスト」で十分すぎる合格点を叩き出した。

引退宣言

「３人目の候補者は結構取ったね」

総理の安倍晋三は、開票日翌日に開かれた自民党役員会で、〝第三の候補〟五十嵐を他人事のように讃えた。自民党東京都連会長・下村博文は「現職以外の二人を足せば良い勝負。現職への批判票が出た」と強がったものの、与謝野と五十嵐の票を足しても石川の半分ほどだから、場は白けた。

2月25日に開かれた自民党千代田総支部総務会で、内田は千代田区長選大敗の責任を取って総支部長を辞任、今期限りでの都議引退を発表した。

その後、内田は多くのメディアに囲まれて取材に応じた。内田の政治家人生でも初めての経験だろう。

小池には、「二元代表制の世界に飛び込んできたのだから、そのことをわきまえて、知事もやってほしい」と注文をつけ、「政界は引退しないよ。自分のできる政治活動を自民党のためにやっていく」と、あくまで「政治家」であり続けることを宣言した。

世間から見れば小池にとどめを刺された印象はぬぐえず、都議会自民党は一つの時代を終えようとしていた。

２０１７年６月７日、都議の任期最後の定例会が閉会した。

その後、都議会議事堂6階で、内田茂を始めとする、20人の引退議員を送る懇親会が開かれた。セクハラヤジを受けて名が知られ、国政を目指す塩村文夏《あやか》もその一人だ（塩村は17年衆院選で落選するが、19年参院選で当選を果たす）。全議員、都庁幹部、そして小池百合子がウーロン茶やオレンジジュースを片手に集まった。

議長と小池が挨拶し、引退議員は職員から花束を渡された。

カメラが狙うのは当然、小池と内田がどう接触するかである。
しかし乾杯を終えるや、小池はそそくさと会場を後にした。
小池が知事になって10カ月、内田との対面はついに一度も実現しなかった。

内田の影

2017年7月2日投開票の都議会議員選挙で、内田の後継は27歳の日本取引所グループ社員・中村彩となった。中村は、小池の政治塾「希望の塾」塾生で、都民ファーストの会候補者として内定が出ていたにもかかわらず、党内の雰囲気に嫌気が差して辞退。自民党から出馬したという腹の据わった女性だった。

その中村は都民ファ候補相手に完敗してしまう。しかし小池は、内田の影を感じながら都政運営をしなければならなかった。

まず秋には入札不調が重なった。

入札制度を「ブラックボックス」の象徴と見た小池は、外部識者や都財務局で作る「都政改革本部内部統制プロジェクトチーム」で、ジョイントベンチャー（複数の企業による共同体）結成義務の撤廃、一者入札の中止といった改革案をぶち上げていた。この改革は豊洲市場内の落札価格が予定価格の99パーセント超だったことを受けてのものだが、皮肉にもその工事に影響が及んだ。都が公告した9件のうち、その日に落札されたのは1件のみ。金額が予定価格を超過したり、一社も入札に応じなかったりした工事もあった。

「これは一体、何なの？　どうするつもりなの？」

財務局長・武《たけ》市《いち》敬《たかし》から一報を聞いた小池は声を荒らげた。財務局の面々が、詳細の説明に上がった際には、

「ゼネコンがわざと応じないようにしているのね。別の意思を感じる」

とつぶやいた。「裏で内田が動いている」との噂があったためだろう。

だが、都幹部が否定する。

「さすがに内田さんは動いていません。建設業界は景気が良く、引く手あまたです。豊洲市場の工事は5億円程度に過ぎず、数百億円の工事なんかごろごろある。世間から疑惑の目で見られ、大した旨味もない仕事を無理して取るメリットがないのです」

結局、入札参加業者にヒアリングを行い、予定価格を4割も上げるケースもあった。4回の公告でも決まらなかった工事は一社に絞って交渉する特命随意契約に切り替えた。

もう一つの場面は、2017年末、安倍政権が地方消費税の配分見直しに着手した時のこ

とだ。地方消費税は消費税率８パーセントのうち１・７パーセント分で毎年約５兆円にのぼる。これまで大都市に偏っていた配分を見直し、６３００億円ほどあった東京都の税収を約１０００億円減額するように設定した。大阪府も減額されるが、その額は１００億円程度にとどまる。東京都知事選、東京都議選とやられっぱなしの安倍の、小池への露骨な意趣返しと見られた。

焦る小池は、宮沢洋一自民党税調会長、都議選敗北を受けて自民党東京都連会長に就いた鴨下一郎ら、立て続けに党幹部を訪ねる。鴨下とは日本新党時代からの付き合いで、直前の衆院選で希望の党候補者を鴨下の選挙区に立てないという配慮を見せていたが、事態は動かない。

小池は人を介して内田への接触を図ったようだが、内田は無視したという。

「オレたちは『おっさん政治』だからな。応援のしようがない」

内田はそう語り、腰を上げることはなかった。

東京五輪盛り上げのための芸術文化プログラム「Tokyo Tokyo FESTIVAL」（ＴＴＦ）をめぐる騒動の時も、内田が登場した。

後に詳述するが、統括プロデューサーを務めたドワンゴ創業者の川上量生《のぶお》と小池の関係を、都議会予算特別委員会で自民党都議の川松真一朗が追及。この事業にドワンゴ関係者が入り込んでおり、我田引水のビジネスをしているのではという指摘だった。

これを受け、川上はプロデューサーを自ら退任。後にネット上で川松と公開討論をするのだが、その中で、都側の要請で内田に説明に行ったことを暴露したのだ。

川上は「いろんなルート」で内田にアプローチしたと言葉を濁すものの、ある有名経営者に助けを求めたと見られている。川上はどうにかして内田に接近したかったのだ。だが内田は「自分は役に立てない」と突っぱねた。

「予算特別委員会の僕の質問の後、川上さんと内田さんが会ったという噂は出た。内田さんに『川上さん来たんですか?』と聞いたら『う〜ん』と認めなかった。認めたら予算特別委員会のしめくくり総括質疑で知事に突っ込みたかったんだけどできなかった」(川松)

２０１７年末、自民党東京都連定期大会で三人の新最高顧問が発表された。元都連会長の石原伸晃、都議選まで都連会長を務めた下村博文、そして内田茂であった。

最高顧問は都連会長経験者が就いてきたから石原、下村は既定路線だが、内田は異例だ。事前の幹部会合で、ある幹部がこう発言した。

「(衆院選挙での希望の党敗北で)小池が弱っているのに、こちらはしおらしくしとけばいいじゃないか」

しかし強硬に押し切ったのは、内田側近で都連幹事長の高島であった。

内田は２０１８年春の叙勲で旭日中綬章を受章。その後もドンの存在感は衰えず、神田淡路町に事務所とベテラン女性秘書を置き、杖をつきながらも、党本部と都連のパイプ役として蠢《うごめ》き続けていく。

第4章

側近政治

野田数

私は二度、野田数《かずさ》と名刺交換をしている。

一度目は２０１７年６月、東京都議会議員選挙の取材で、ある演説会場にいた野田に私は声をかけた。すると野田は「お世話になっております～」と、手を足首につけんばかりに、腰を90度近く曲げて頭を下げたのだ。

政治家は選挙の時、電柱にまで頭を下げるというが、野田は候補者ではない。にもかかわらず、そうした身のこなしが自然と出たことに驚かされた。

次は19年2月、小池が知事になって初めて政治資金パーティを開いた時だ。

野田を囲む記者団の中に、私はまぎれ込んで野田の話を聞いていた。一度目の名刺交換後、野田との接点はない。見慣れない顔に感づいたのだろう。野田はすぐに私の元に近寄り、名刺交換を求めてきた。他のスタッフにはなかなかできないきめ細やかな芸当だった。

そんな骨の髄まで秘書といった風の野田は、知事選では選挙対策責任者、その後、知事特別秘書となり「小池劇場」の一翼を担った。当然今回、私は野田に取材を申し込んだのだが、現在「東京水道株式会社」代表取締役社長を務める立場から「コロナ危機の対処があり、水道事業に専念したい」と丁重な断りの連絡があった。

特別秘書は「SS」と呼ばれる。「Special Secretary」の略である。国際都市のプライドなのだろうか。知事周りの隠語はアルファベットが使われ、知事への説明は「Gブリ」。「Governor Briefing」（ガバナーブリーフィング）の略だ。4人の副知事は、「Vice Governor」（副知事）の「V」をとって、職務代理者の順に「V1」、「V2」と続く。

その特別秘書を、都知事は自らの権限で二人つけられる。国会議員には三人の公設秘書がいるが、同じ秘書でも重みが違う。自身の部屋を持ち、複数の補佐役の職員がつく。給与は年収約1400万円で都の局長級。知事の補佐にとどまらず、議会、職員、業界、マスコミ対応を担い、重要なプレーヤーの一人となる。

小池百合子がまず任命したのは、当時42歳の野田数だった。

野田と小池の付き合いは、2000年、野田が保守党公認で国政に出馬した時にさかのぼる。選挙区は兵庫7区で、保守党所属だった小池（当時は兵庫6区）の隣。相手は社民党党首の土井たか子という無謀な挑戦で、もちろん完敗した。ただ保守党には二階俊博（現・自民党幹事長）がおり、その関係が特別秘書となって活かされることとなる。

その後、小池の秘書、保守党の参議院事務局長を経て、自民党の東村山市議、都議と階段を駆け上がった。

都議になっても野田は小池に仕えた。小池が２００５年に兵庫から東京10区に国替えした際、東京に地の利がある野田を頼りにした。

しかし野田は12年、自民党を離党し、石原慎太郎の新党設立を模索。12年の衆院選、13年の都議選には日本維新の会から出馬するも落選している。

その後、日本教育再生機構などに所属し、政治の世界から離れていた野田を、小池は知事選の選対責任者に抜擢したのである。

「何か知恵を出してほしい」

野田は旧知の記者に連絡を取りつつも、自身が前面に立つことはなかった。選対責任者はたいてい政治家が務める。政治家だから、自身も目立とうとして積極的にメディアに顔を出す。だが野田は裏方に徹した。小池はそうした野田の性格を見抜いていたようである。

東京都知事選大勝を受け、野田は横滑りで特別秘書就任を果たしたのだった。

知事就任1週間後に発令された二人目の特別秘書は、直前まで読売新聞社員だった宮地美陽子。当時39歳。女性の特別秘書は史上初だ。

宮地の夫は後に触れるが産経新聞記者O。衆議院議員時代の小池に深く食い込んでいたが、やがて新聞社を辞め、「希望の党」設立に関わっていく男だ。

宮地就任にあたって小池は、「知事室とメディアの皆様との接点」（16年8月12日定例会見）と期待したが、宮地は甲府支局で新聞記者のキャリアをスタートしたものの、その後は整理部という内勤で、産休・育休の期間も長く、都政担当記者との人脈は皆無に等しい。フリーランスや週刊誌記者といった〝面倒な〟メディアとの付き合い方など知るよしもない。早稲田大学時代、柔道部に所属し、二段の腕前とあって当初は「ボディーガードとして雇われたのでは」とも揶揄された。

野田が都庁を暴れ回る一方で、宮地は地味な存在で棲み分けができていた。だが野田はやがて都庁を去り、宮地は任期いっぱい務めることとなる。

母方のいとこ

長年議員を務めた政治家には、石原慎太郎に対する浜渦武生のように「大番頭」がいるものだ。だが小池は24年も国会議員を務めたにもかかわらず、都庁入りさせる側近はいなかった。

あえて挙げるなら、「母方のいとこ」Ｍだ。私は２０１６年8月12日の定例会見で、Ｍの素性について聞いた。Ｍが本当に小池の親族なのかという疑問を、小池に近い人らが持っていたからだ。かつて小池はＭのことを「甥」と紹介したことがあった。第２章で触れたように、小池のきょうだいは兄が一人だけだから、「甥」と「いとこ」を間違えるはずもない。

「小池さんとＭさんの接点は、２０００年頃、Ｍさんの母親から小池事務所に手紙が届いたのが最初でしょう。息子がロシアに留学するので人脈を紹介してほしいとの趣旨でした。でも小池さんは『誰？』という反応。Ｍさんと面識はなかったのです。親族を名乗るだけに無下にもできず、知り合いを紹介しています」（古くからの支援者）

ともかく会見で小池はＭを「母方のいとこ」だと説明した。

Ｍは現在私人なので名は伏せる。ただし小池の資金管理団体（政治家が寄付を受けるための政治団体）「フォーラム・ユーリカ」と「自由民主党東京第十選挙区支部」の会計責任者を長らく務めた「金庫番」という重要な一面を持ち、小池を語る上で避けて通れない人物だ。

経歴は異色だ。

ロシア留学後、Ｍは小池に何の連絡もよこさなかったが、突然、新聞紙上に名前が載る。02年10月、ＮＧＯの「北朝鮮難民救援基金」メンバーが中国東北部で中国当局に拘束されて行方不明になった際、通訳として同行していたのだという。留学したのはロシアだったが、Mは中国語も話すことができた。そこで小池は「〝甥〟が拘束された」と騒いだのだった。

無事Mは解放されるのだが、尽力したのが中国とのパイプの太い二階俊博だったとされる。

帰国後、Mは小池事務所に出入りを始めた。小池が重宝したのは、Mが単に親戚だからということだけではなく、どういうわけかディープな情報を持ってくるためだ。

防衛庁に入りたがっていたMは公安調査庁職員となり、しかし1年ほどで辞め、正式に小池事務所スタッフとなった。小池の大臣秘書官を務めた時期もあるが、ほとんどの期間が私設秘書である。

「オレは表に出るとまずい人間だからね」

そう語ることでむしろ存在感を際立たせる謎多き人物だ。

髪を短く刈り込み、かりゆしやTシャツを着てセカンドバッグを持つ。そんな秘書らしからぬ身なりで闊歩するMは、永田町の名物秘書の一人であった。

小池には、キャスター時代から支えた秘書が複数いた。だが次々と離れていき、最後に女性秘書一人が09年衆院選まで残った。その選挙で小池は、小選挙区で落選するという屈辱を初めて味わう。惜敗率91パーセントで比例復活当選が判明したのは、投開票日の日付が変わる頃だった。

その後、女性秘書は小池本人ではなくＭから「辞職願」を書くよう言われたという。そして30年以上仕えた小池から何のねぎらいの言葉もないまま、事務所を去ったのだった。以降、事務所はＭが仕切るようになり、カネ集めやメディアとの付き合いの一切を引き受けた。

すでに触れたように、小池はカイロ大留学時代に知り合った３歳年上の日本人と結婚し、１年ほどで別れて以来、独身だ。両親は13年、相次いで他界。海外で事業を手掛ける兄・勇は日本にいることが少なく、東京都知事選の時にはミャンマーにいた。身近に肉親のいない小池にとって、Ｍは唯一、気の許せる〝親類〟だったのだろう。

自民党が野に下った２０１０年、小池は練馬区内に自宅を構えている。太陽光パネルを設置し、西武池袋線の江古田駅に近いことから「エコだハウス」と名づけた。Ｍはその共有者となり、妻子とともに小池と同居をした時期もある。

開票日、小池が事務所に現れた際、Ｍは小池の背中に手の平をつけ、ピタリと寄り添っていた。都知事選の運動費用収支報告書では、Ｍの妻が会計担当者となっている。

そんなＭだが、小池の特別秘書にはならず、都政に関わることもなかった。やはり、「表に出るとまずい」人間なのだろうか（Mの携帯電話に再三取材を申し込んだが、返答はなかった）。

7階の意向

2016年8月12日の記者会見で小池は、「都政改革本部」を設置し、5人の外部識者を「特別顧問」として招聘することを発表した。

そのトップに名が記載されたのが、慶應義塾大学教授の上山信一だ。元運輸省官僚でコンサルティング会社「マッキンゼー」のパートナーを経て慶應義塾大学教授となった上山は、08年から大阪府特別顧問、11年には「大阪維新の会」の政策特別顧問を務め、橋下徹のブレーンとして知られた存在だった。

同じく特別顧問に名を連ねる小島敏郎《としろう》は、市場移転問題の理論的支柱となる元環境省官僚だ。

小池が環境大臣時代、地球環境審議官（次官級）として仕えた。自民党幹部とのパイプを持ち、政治的立ち回りができる一方で、「原発ノー」の集会でマイクを持った筋金入りの「環境派」でもある。退職後は青山学院大教授に収まっていた。

16年８月31日に発表された築地移転延期を知らされていたのは、小島らごく一部だった。

しかも小島は、記者会見後の詳細な記者ブリーフ（説明）まで行っている。

その翌日、９月１日に開かれた第１回都政改革本部で、小池はこう挨拶した。

「戦後のＧＨＱとして都庁に乗り込んでいるわけではない」

特別顧問は十数人にまで膨れ上がった。それは11年の東日本大震災時、菅直人政権が次々と外部から原子力専門家を呼び寄せ、15人もの内閣官房参与を置き、「船頭多くして――」と批判を受けたことを思い起こさせた。

やがて東京都職員は、小池や顧問団からのトップダウンの指示を、第一本庁舎７階に知事室があることから「７階の意向」と呼んで畏怖するようになる。

上山は、野田数と並んで「小池劇場」の中心的役割を担っていく。

本書を執筆する上で当然、話を聞かなければならない人物だが、恥を忍んでいえば、私は上山への取材依頼を躊躇した。都庁幹部から、上山が陰では「第二の浜渦」と呼ばれていたと聞いていたからだ。浜渦とは、先に触れた石原都政で副知事として都庁を暴れ回り「ドーベルマン」などと畏怖された浜渦武生のことである。取材を受けてくれたとしても、私に対し、激しく論破してくるのではないかと身構えたのだ。

ところが20年5月のステイホーム期間中、Ｚｏｏｍでのリモート取材に応じてくれた上山は、答えにくい質問にも率直に答える気さくな論客で、私の印象を覆した。話は弾み、約束の1時間があっと言う間に感じられたほどだ。東京のアクセントで話すが、根っこは大阪人であった。


「特別顧問」招聘から2カ月後、10月18日、知事室と同じフロアにある7階大会議室で、小池はＩＯＣ会長トーマス・バッハとの会談に臨んだ。副知事の山本隆、オリパラ準備局長の塩見清仁と並んで同席したのが、五輪調査チームのリーダーとなった上山だ。さらに上山は、後で触れる五輪会場変更の根回しや、ＩＯＣとの協議に出席することになる。

特別顧問の法的根拠は「政策的見地から都政の課題についての実態調査及び評価、並びに課題の整理及び改善策の検討を行う」（都政改革本部設置要綱）に過ぎない。そのため、とりわけ小池と敵対する自民党議員から「顧問としての則《のり》を超えている」との批判が相次いでいた。

上山はこう語る。

「私はテクノクラート（技術官僚）なので、都の特別顧問として知事から言われたことを、プロとしてやっただけです。深夜でもメールや電話のやり取りはありましたが、知事もお忙しいので、逐一の報告はしません。最大の問題は都庁に五輪予算に口を出す権限がないということでした。組織委員会やＩＯＣを動かすには内外の世論に訴えるしかない。だから声がかかれば生のニュース番組に限ってテレビにも出たし、外国特派員協会の記者会見にも応じた。英語の資料で予算超過の危険性を戦略的に海外メディアに発信した」

職員にも警戒感があったようだ。たとえば、五輪のコストを計算する際に担当部署にヒアリングしても最初は「守秘義務があって出せない」と言い、存在するはずのＩＯＣとの契約書も出そうとしない。結局、小池に直接指示してもらい、ようやく入手したこともあった。

だが霞が関官僚出身の上山は、これを役人の「お作法」だと理解を示すのだった。

「石原都政の後半から停滞が始まり、猪瀬さん、舛添さんと2代続けて知事が辞任した。役人からすれば小池知事も私もまた1年くらいでいなくなるのではと警戒して当然です。コロナウイルスじゃないけど組織としてまずは撃退しようとする。それは公務員の誠実な振る舞いですよ。私は何とも思わなかった。しかも私は知事から直接、任命されていたのですから」

黒シャツ黒ネクタイの男

東京・六本木に「バーレスク東京」というショークラブがある。ホームページによれば、1セット9000円。水着やボンテージ衣装を身にまとった女性たちが披露する過激な「ショー」が売りの飲食店だ。

野田数は連日のように幅広いメディアの記者とメシを食い、彼らと連れ立ってその「バーレスク東京」を頻繁に利用した。「報道に悪意があれば、小池を出さない」と記者を牽制しつつも、好意的なメディアには、無理にでも小池のインタビューをセットして〝貸し〟を作った。

黒いシャツと黒いネクタイを好む。およそ公人と思えない風体である。しかし野田は意に介さず、記者にこう言い放つのだ。

「オレは知事の弾除けなんだ。勝手気ままなファッションは自分が選挙に出る気は微塵もないという意思表示だ。写真は険しい表情のものを使ってほしいね」

小池は、そんな汚れ役を厭わない野田の働きを買い、全幅の信頼を置くようになっていた。

手始めは、小池の政治塾「希望の塾」立ち上げへの参画だった。野田は事務局長となり、そのすべてを仕切っていく。

問題は受講者の数だ。それはすなわち「小池支持者」となる。

野田は、大阪維新の会による「維新政治塾」の２０００人を目標にした。だが蓋を開ければ倍以上の４８２７人もの応募があった。最年少は18歳、最高齢は82歳で、ハワイから応募した人もいたという。選考でふるいに掛け２９０２人が入塾した。

２０１６年10月30日、池袋の帝京平成大ホールで開塾式が開かれた。早朝から入塾者の長蛇の列ができ、他党が小池に歯向かう意欲を喪失させるには十分な光景だった。

想定外の入塾生を収容するため、開塾式は４回の入れ替え制。小池は「同じジョークを４回繰り返さないといけませんね」とスピーチで語り、笑いが止まらない様子だ。野田はその日のうちに追加募集を決め、その後実際に１０００人ほどの応募があったという。

高揚感はスタッフの間にも伝わっていた。終日、運営の手伝いで暇を持て余したあるスタッフは、私も含めた記者団との雑談の中でこう口を滑らせるほどだった。

「こっちは塾生を５万円の札束としか思ってないんですから」

全６回の講義で料金は５万円。女性は４万円、学生は３万円と差をつけた。上限を５万円としたのは、塾の運営は政治団体「都民ファーストの会」が行っていたためだ。政治団体は、

５万円を超える寄付を受けると収支報告書に名前を載せる義務がある。その手間を省くための料金設定だった。

この資金が翌年７月の東京都議選に使われることは明らかだった。実際２０１６年分の「都民ファーストの会」収支報告書によれば、収入は１億６８８１万円ですべてが塾の受講料で、同年の「都議会自由民主党」の収入を上回っている。豊富な軍資金を手にすることに成功したのだ。

翌17年１月、「都民ファーストの会」は地域政党としてスタートする。

ここで説明しておくと、自民党、公明党など「党」と呼ぶ時、公職選挙法などの規定で、国会議員５人以上、または全国の得票率の２パーセント以上といった要件がある。だから国会議員のいない都民ファは法律上の「党」ではない。国会もそうだが、議会では党などを基本とした「会派」を結成する。都民ファは厳密には都議会会派となるが、一般にわかりづらいので、本書では「離党」などと記すことにする。

その都民ファ代表に野田が就いた。

候補者選定は実質、野田が一人で担った。小池とはポスター撮影の時に初めて言葉を交わした候補者もいた。「野田詣で」が始まり、我も我もと野田とのアポイントを取りたがった。

「野田クンはいるかな？」

ある日、私が記者クラブのある都庁第一本庁舎６階にいた時、スーツを着た老人が守衛に止められていた。その人物は、都議を６期、参院議員を２期務めた保坂三蔵だった。息子の真宏は台東区議で、都議選で都民ファからの出馬を画策しており、その根回しに訪れていたのだった（真宏は公認され、当選する）。

野田は民進党に門戸を開いた。支持率が低迷した民進党の看板では、都議選の惨敗は必至だからだ。カウンターパートは、党選対委員長の馬淵澄夫衆議院議員。だが、水面下の交渉内容が逐一メディアに漏れたために、野田は民進党との交渉を打ち切っている。やがて民進党東京都議団からは離党者が相次ぎ、民進党は事実上崩壊してしまう。

一方で野田は、都議会公明党、連合東京、地域政党「生活者ネットワーク」と政策協定を結び、協力体制を敷いていった。公明党の公認候補全員に都民ファの推薦を出し、約40年に及ぶ都議会における自公連立を解消させている。さらには共産党と水面下での連携まで行ったという――。

これらの取り組みが２０１７年度予算案を44年ぶりの全会一致に導くこととなる。

6月1日に開かれた都民ファの総決起大会には都議選の候補者がずらりと並んだ。半数が政治経験なしで、うち女性は17人。公認会計士、エイベックス所属のレゲエ歌手、フジテレビ局員などピカピカの経歴と美貌が並んだ。

「申し訳ないんだけど、ほとんど知らないんです」

豊島区長の高野之夫は、候補者たちを見やり、そう述べた。「数」合わせを暗に批判したのだった。

その場で、小池は自民党を離党し、都民ファ代表に就いたことを報告する。代表の引き継ぎセレモニーはなく、「野田代表」などなかったかのようだった。その日、野田はトレードマークである黒シャツを封印。都民ファの「幹事長」として、白シャツにスーツ姿で記者会見に臨んでいる。

その都議選では見事な結果を叩き出した。

都民ファ公認候補50人中、島しょ部の1議席を除く49人当選という完勝であった。選挙を手伝った若手選挙プランナー・松田馨《かおる》も「野田さんの読みは冴えわたっていた」と認める。

ところが投開票日の翌日、突然、小池は都民ファ代表を辞任するのだ。小池と野田の二人だけの「役員会」で、野田が再度登板することが決定された。小池はその理由を後にこう説明した。

「勝ちすぎてしまったからですね。ちゃんとした二元代表制に改善したいというのが都民ファーストの会の発端でした。しかし今回のようにあまりに勝ってしまうと、これはこれでバランスを欠くと」（「週刊文春」２０１７年8月17日・24日合併号）

再び代表となった野田は、三人の都民ファ都議を六本木の焼き肉店に集めている。

集まったのは、民進党の離党第1号・増子博樹（3期）、自民党を離党した山内晃（2期）、小池の秘書出身の荒木千陽（新人）。その場で、それぞれ幹事長、政調会長、総務会長に任命されることが伝えられた。増子も山内も秘書、区議を経験し、政治経験は長い。荒木は中野区選挙区で川井重勇《しげお》議長を追い落とした。熊本県議の父を持ち、幼い頃から政治に触れている。

さらに野田は都議会議長に尾崎大介（元民進党、４期）を推薦し、議会調整を行った。

野田なくして小池都政が回らないほどの存在感を示したわけだが、そのわずか2カ月後、野田は政治の表舞台から遠ざかることとなる。

若狭副知事案

時計の針を少しだけ巻き戻す。

都議選の圧勝が見えてきた投開票日２日前、６月30日夜、自民党国会議員で唯一、小池を支援して脚光を浴びた衆院議員・若狭勝が小池と向かい合っていた。台東区内の寿司屋２階の個室でのことだ。

「『希望の党』がいいわね――」

小池はそう語ったという。しかも２月に商標登録出願を済ませていたという周到さだった。

東京都議選は、国政選挙の前哨戦といわれる。１９９３年の都議選では日本新党が２議席から20議席に躍進、翌月の衆院選で35議席を獲得し、非自民連立政権を誕生させた。この時、党組織委員長として応援に飛び回ったのが小池である。２００９年の都議選では民主党が初めて第一党となり、投開票翌日に麻生太郎総理が解散を表明、衆院選で政権交代が起きている。

小池が国政に前のめりにならないわけがなかった。

ところで、なぜ自民党の若狭は小池を支援したのか。政治家が突飛な行動を取った時は、ポストや選挙区事情を読み解けばよい。

若狭勝は２０１４年、衆院選の東京比例区で初当選している。比例区ということは、選挙区がないということだ。次期選挙で選挙区をもらうために党実力者へ必死にアプローチしなければならない立場だが、大量当選した自民党に選挙区の空きはほぼない。若狭が小池を支援したのは、小池の都知事選出馬によって空白となる東京10区を狙った〝下心〟があったと見るべきだろう。

小池が東京都知事選で優勢となるや、若狭副知事案までが浮上していた。小池の下で東京都副知事になれば、４歳年下の若狭は「ポスト小池」にもなりうる。駆け出しの国会議員にとって、東京都副知事は魅力的なポストに映ったことだろう。実際、メディアでそう報じられ、若狭もまんざらでもない様子だった。

だが周辺に取材すると、「知事の頭には全く構想はなかった」と口をそろえる。そもそも副知事の人事は議会の承認が必要で、当時多数を占めていた自民党から猛反発を受けることは明らかだった。

若狭はこの都議選前、小池と同時に自民党を離党している。自民党の〝若手〟議員としてくすぶるより、新党のナンバー２の方がやりがいはあるだろう。

小池と若狭がいよいよ動き始めた9月11日夜、私の元に耳を疑うような情報が都政担当記者からもたらされた。

都民ファ代表の野田が辞任し、後任に、都議になって3カ月に満たない荒木千陽総務会長が就任するというのだ。荒木は小池の元秘書で、都議選の前まで小池と同居していた関係だ。私の取材に「（同居は）幸せの極み」と答えたほどで、小池にしてみれば意のままに扱える存在だろう。所属議員は、メディアが報じ始めたのと同じ頃、事務局からメールで知らされる始末である。

そもそも野田は都議選前、都民ファ内に「国政研究会」を発足させている。これは対外的に国政進出をにじませるためのものだといわれた。

小池と若狭が国政を目指そうとしている今、なぜ辞任なのか。都民ファ都議はこう解説する。

「『国政研究会』は、周囲への〝脅し〟で作っただけで、実際、その後は休眠状態にしています。公明党は、都議選で都民ファに協力しましたが、それは国政とは別だと伝えられていたからです。都知事が国政を目指すとなると、公明党対策に腐心してきた野田氏にすれば『冗談じゃない』となる。それに衆院選後、小池都政が窮地に陥ることも見越していた。都議会各会派との信頼関係を保ったため、国政に関与しなかったのでしょう」

詳細は第6章に譲るが、小池は国政に向け、若狭だけではなく、民進党に離党届を出した細野豪志との「二頭立て」を目論んでいた。

この時点で、衆議院議員の任期は1年以上残っており、都議選で大敗を期した安倍政権はノックダウン寸前。当分解散はできないものと見られており、当の小池ものんびりと構えていた。「私が国政に行くことはない」と周囲に明言もしている。

ところが、民進党新幹事長に内定した山尾志桜里の不倫が〝文春砲〟にスッパ抜かれ、野党がぐらつき始める。窮地に追い込まれていた安倍晋三は、そのわずかな間隙《かんげき》を縫って9月18日、衆議院解散を決断。10月22日投開票の衆議院選挙に突入することとなった。

小池も一気呵成に動く。9月25日の会見で小池は、「希望の党」を立ち上げることを発表するとともに、若狭、細野という「二頭立て」をリセットし、自らが党首になると宣言するのだった。私がこれまで出席した多くの記者会見の中でも、最も印象に残るものとなった。

国政選挙の前哨戦を圧倒的勝利に導いた小池への注目は、間違いなくピークに達していた。

その熱狂を、野田数はどう見ていただろうか。

汗をかきながら調整に調整を重ね、野田は都議会公明党との関係を少しずつ紡いできた。

小池の国政への挑戦、そして後述（第6章）する大惨敗は、その関係をリセットすることでもあった。

都民ファの亀裂

野田が代表を辞任してからしばらく経った２０１８年１月、あるパーティの席でこんな会話がなされた。

内田茂「（都民ファの）なんとかっていう幹事長がオレとメシ食いたいって言ってきたんだけどさ」

高島直樹「増子ですね。そんなの相手にしちゃダメですよ」

都民ファ幹事長・増子博樹が内田と会うべく事務所を通じてアプローチしたようだった。自民党都連幹事長の高島は内田に断るようアドバイスし、会食は頓挫した（アプローチについて増子は否定）。

自民党を「おっさん政治」と批判し、多数の議席を獲得した都民ファだが、幹部たちは自民党にすり寄っていた。そのため、幹部と新人たちの間には溝が生まれていた。

新人たちが頼ったのは、代表を辞任した野田数だった。

その頃野田は、小池の衆院選での動きに反発して与党から離脱した公明党をつなぎ止める〝戦後処理〟をしていた。小池の失速に伴って支持率を下げる都民ファを、深刻に受け止めてもいた。野田は、都民ファを立ち上げるにあたり国際都市東京を担う政策集団になるべきという夢を描いていたが、その様子もない。

17年暮れ、都民ファは初めて、来年度に向けた予算要望を小池に行った。だが、小池の横で要望を聞いていた野田は内容の薄さに危機感を抱く。

「公明党を見習った方がいい」

都民ファ幹部は、野田からそう忠告を受けている。しびれを切らした小池は野田に、

「そろそろ戻ってきなさいよ」

と、〝戦線復帰〟をうながした。

代表の荒木千陽の経験不足は否めなかった。なにしろ議員バッジをつけて、半年にも満たない。

私は荒木が都議選に出馬する際にインタビューしている。「未婚ですか?」という直接的な質問に「『週刊文春』で彼氏募集中と書いといてください」と語るほど、あけすけな性格で、本来、人に好かれるタイプではあるのだろう。事実、私も好感を持った。

だが年齢もキャリアも上の議員たちになめられないようにするためか、空回りした。都民ファの総会で議員が何か意見を言おうものなら「そういうことは事前に紙にしてください」と突っぱね、「議会ではしっかり声（ヤジ）を出して」と鼓舞して、周囲を唖然とさせている。

荒木が議場の最後列から（会派幹部になると後ろ側の席になる）小池に批判的な質問をする都議に対し「違うよ！」「ストーリー（作り話）だよ！」とヤジを飛ばす様子を、私は記者席から見たことがある。「ヤジは議会の華」とも言われる。だが、親分を守りたい一心にせよ、その激しさは議場で浮いていた。

小池は自身の元秘書を重用する傾向があった。他の新人都議にも元秘書がいて、しかも父が元警視総監だということもありかわいがったが、あからさまなえこひいきは、特に新人議員たちを疑心暗鬼にさせていった。

新人らが野田を講師とした勉強会を企画すると、

「野田派を作ろうとしているのでは」

と、荒木は出席者リストを作成し、警戒した。

日に日に亀裂は深まるばかりだった。

特別顧問制度廃止

２０１８年2月の平昌五輪のスピードスケート女子パシュートで、日本は大会新記録で金メダルに輝いた。パシュートは三人で滑る団体競技だ。小池はその競技に感銘を受けたという。

「前を行く人は風圧を感じ体力も消耗する。しかし、その人がいないとその次が進めない。改革というのはこのパシュートではないか」

小池は、知事室での会合の際、そう語った。そのたとえに倣うならば、小池にとってのパシュートの先頭は、上山を筆頭とする特別顧問だった。だが、その特別顧問制度を年度末で廃止することを決める。もはや〝風圧〟を感じなくなったということだろう。

前兆はあった。政治ニュースが衆院解散一色だった前年9月には、特別顧問の小島敏郎がひっそりと辞任している。だが、当の小島がすぐに都民ファの政務調査会事務総長に就任するのだ。この人事は、知事と議会が緊張関係を保つという二元代表制の観点から明らかに問題だった。小島敏郎の都から党への「移籍」は、特別顧問時代終焉の象徴のように思えた。

「特別顧問、特別参与、特別調査員の方々、この肩書、ポジションについては廃止いたします」

3月9日、小池は正式に特別顧問制度の廃止を宣言する。慶應義塾大学教授の上山信一以下特別顧問9人、特別参与3人はお役御免となり、同28日、15回目の会議をもって、特別顧問主導による都政改革本部は解散した。会議を終えた小池は真っ先に上山の元に歩み寄り、ねぎらいの言葉をかけている。

しかし、クセのあるメンバーだけにあっさり引き下がったわけではない。企業再生の専門家・安東泰志《あんどうやすし》（ニューホライズンキャピタル会長）は制度廃止に抵抗したという。安東は小池の知事選の公約作りに関わり、都政改革本部入りこそしなかったが、都顧問として国際金融都市センター構想に関わった。

3月30日、都政策企画局は〈都顧問の退任について〉というペーパーを出した。上山以下「任期満了」が列挙されていたが、安東だけは「辞職」とあった。

安東の怒りは相当なもので、後にこんなコメントをしている。

〈小池知事をサポートしてきたが、正直愛想が尽きそうになっている。なぜか。説明すればわかることをちゃんと説明しないために誤解と疑心暗鬼を生んでいるからだ〉（18年5月2日「ニューズピックス」への投稿）

ただし、都政改革本部自体は継続させた。三人の副知事がそれぞれに「推進部会」を持ち、各局の管理職が議論するという役人だけの構成であった。

特別顧問としての１年半を上山はこう振り返った。

「都庁職員は、プライドは高いけど石原都政後半から停滞しているという負い目を感じていた。驚いたことに行政改革プランすらなかった。最近はどこの自治体でもやっている民間企業と連携する動きもなかった。私は、まずは先進自治体に学んでほしいと考え、外の世界を見ようと提案し、大阪府庁や海外に視察にどんどん行けるようアレンジしました。そういった積み重ねで、職員たちを外向きの学習モードに切り替えることができた。自画自賛かもしれないけど、『失われた10年』を取り戻せたと思っています」

上山は「橋下劇場」「小池劇場」双方を間近で見てきたわけだが、両者の違いについて聞いてみた。

「橋下さんが府知事になった08年の大阪府は、深刻な財政危機だし、彼は自民、公明の推薦だった。職員の間には若い知事への期待が少しはあった。ところが小池さんは真逆。自民党と揉めた末に知事になった。職員は議会への遠慮もあって疑いの目や様子見の態度を崩さなかった。橋下さんが時速50キロで走れたところを、小池さんは20キロくらいでしか進めない。

そんな中、小池さんは公約に掲げた五輪や市場移転という、タイムリミットのある問題を突貫工事で見直さなければならなかった。しかも、それをもとに翌年17年6月の都議選を戦うしかない。だから激しい外科的手術で一気にやるしかなかった。到底一人ではできないので、私たちが呼ばれたのでしょう。都議選が終わったあたりで、ようやく職員の見る目が変わったと感じましたね」

野田数の退場

小池は２０１８年４月の人事で財務局財政課長の佐藤章を知事補佐担当部長に抜擢した。下積み時代から財務局主計部に長く在籍した佐藤は、庁内のことを広く理解し、知事から指示が出ると、すぐに担当部署に連絡を取ることができた。となれば、各局は知事の命令として動かざるをえない。

そうした中、専門紙「都政新報」が野田に1期目前半の2年を振り返ってもらう独占インタビューを掲載した。〈国政進出反対　知事に進言〉（18年8月24日号）〈耳障りの悪い話も知事に〉（18年9月14日号）と、小池に対して厳しいトーンの記事だった。

同紙は一般には馴染みは薄いが、都政や区政に特化した新聞で、都庁職員で知らぬものはいない。しかも論調は小池に厳しい。都庁職員は、野田からの何らかのメッセージと受けとらざるを得なかった。

やがて野田は、18年９月の第三定例会から議会に姿を見せなくなる。ここで、都庁職員や担当記者の誰もが〝異変〟を確信することとなった。野田が辞意を固め、再就職先を探しているとの噂が駆け巡ったのもこの頃だった。

ただ小池にしても、野田と喧嘩別れするのは得策ではない。小池の裏も表も知り尽くす野田が、メディアに洗いざらいぶちまけようものなら、小池は一気に窮地に立たされる。

野田の「再就職先」を懸命に探したのは他ならぬ小池だった。

「どこかないかしら。今よりも高い給料の所を」

そう周囲に相談している。

２０１９年２月19日、京王プラザホテルで、小池は知事就任後初となる政治資金パーティを開いた。２期目に向けての始動と見られた。野田はこのためにパーティ券を大量にさばき、参加者の動員に尽力したという。

18年度最後の定例会最終日、つまり19年３月28日、恒例となっている知事が都庁幹部らを引き連れて歩く〝大名行列〟に、久々に野田の姿があった。そして、その翌日の定例会見で、小池は野田の特別秘書退任を発表するのだ。明かされた「再就職先」が、世間を驚かせる。株式の51パーセントを都が保有する都水道局の監理団体「東京水道サービス株式会社」（ＴＳＳ）社長だという。

都水道局は浄水場管理業務に関わる談合があったとして、18年10月、公正取引委員会から独禁法違反の疑いで立ち入り検査を受けている。これを背景に、「監理団体改革」の一環として、ＴＳＳと、水道料金の徴収業務などを行う「株式会社ＰＵＣ」の監理団体２社を経営統合する方針となった。

両社は社長を含め、都水道局職員の天下り先だ。そこに野田が乗り込むというのだ。年間報酬は特別秘書と同等の約１４００万円。さらに「改革」の象徴のような企業に乗り込むのだから、「乱世の人」（知人）である野田に断る理由はなかったのだろう。

野田はＴＳＳの経営改革と会社統合に奔走した。20年4月、都水道局の推薦を受け新会社「東京水道株式会社」の初代代表取締役社長に就任。社員数約２６００人の日本最大級の水道総合サービス会社を誕生させたのだった。

こうして小池は、任期を1年4カ月ほど残したところで「側近政治」を終焉させた。

これは、いい意味でも悪い意味でも世間や都庁職員を掻きまわした「小池劇場」からの脱皮を、対外的に宣言する意味合いもあるだろう。

小池はこの後、都の官僚に軸足を置き、都議会公明党を抱き込み、都民ファの機嫌を損ねぬよう都議会自民党にファイティングポーズを取り、安定した都政運営を行っていく。

だが各々が、古傷のように思い起こす問題がある。築地市場移転問題である。それは、自民党が20年知事選での候補者擁立を断念する材料にもなったほど、最後まで「政争の具」であり続けた。何より辿った道のりは、小池の新型コロナウイルス対応と重なる。

その市場移転問題を、次章で追いかけることにする。

第5章

築地か、豊洲か

元市場ナンバー2の告発

「小池知事は市場問題をどうしたいのか、ビジョンはなかったと思います。目の前のことをどううまく転がすかを考え、壁にぶつかったらさまざまな会議を作る。それは『やってる感』を出す〝煙幕〟です。豊洲市場の開場に漕ぎつけたものの、結局、最初から最後まで知事と市場当局の信頼関係ができないままでした」

今年のゴールデンウィークのある日、新宿のファミリーレストランでアイスコーヒーを飲みながらそう振り返ったのは、元東京都職員で、中央卸売市場ナンバー２の次長として小池を間近で見てきた澤《さわ》章《あきら》だ。

澤は２０１９年３月に都庁を退職後、市場問題の内幕を詳細に綴った著書『築地と豊洲』（都政新報社）を20年3月に上梓した。これには小池は怒りを隠さなかったという。

「知事はこの本を買わないよう職員にお触れを出したようです。さらに知事側近からは、われわれメディアに『本を記事で紹介しないように』と言ってきましたからね。コロナ対策についての情報がほしい時だったので、（記事で）本には触れないことにしました」（都庁担当記者）

第2章で触れたように、小池は東京都知事選挙戦の中盤で、築地市場を訪れ、豊洲への移転を「一旦立ち止まる」と宣言してしまう。

　すべては、そこから始まった。

　小池にとって市場問題とは何だったのか。関係業者は９００に及び、豊洲新市場の総工費は都民のおカネ約５８００億円をかけ、多くの日本人の胃袋を支えながら、さして関心は持たれていなかった。２０２０年の東京都知事選で、自民党が小池への対抗馬擁立を断念した際、都連幹部は私にこう言ったものだ。

「築地、豊洲で4年間引っ張っても都民はついてこないよ。市場なんか、俺、関係ないし」

　兵庫県出身、築地とも豊洲とも無縁の東京10区（豊島区、練馬区）を選挙区とする小池も、本来は同じ心境だったのではないか。

　だが、小池は２００８年に上梓した共著書『東京ＷＯＭＥＮ大作戦』（小学館）をもとに反論する。たしかに同書には、豊洲新市場の建設予定地を視察し、豊洲の土壌汚染に慎重な立場を取ったと書かれているが、小池が市場問題を都知事選の公約に掲げることはなかった。

　市場問題を、小池は「都民の安心・安全」を錦の御旗に「劇場」に仕立て上げたのだが、実態は内田茂らによる自民党利権に立ち向かう壮大なパワーゲームであり、政争の具だ。そして、収拾がつかなくなると、何食わぬ顔で胴体着陸させる——。

これは、新型コロナウイルス対策にも通じる、小池政治の常套手段である。

利権がすさまじいのは事実だ。自民党都議によれば、

「僕の後援者の市場関係者が、豊洲市場の駐車場の使い勝手が悪いと、注文をつけてきたことがある。それを都の市場当局に伝えたら『そこは内田（茂）さんに聞かないと、変えられないんです』と言っていた。こんなところにまで『千代田』の意向が働いているんだなと」

だからそこに切り込むのは、容易なことではない。

小池は移転延期の決断をするにあたり、大物官僚を訪ねている。

国交省出身の傑物官僚・和泉《いずみ》洋人《ひろと》総理補佐官である。後に、加《か》計《け》学園問題を告発した前川喜《き》平《へい》前文科次官に口止めを迫ったり、厚生労働省女性幹部との「コネクティングルーム不倫」でメディアを賑わせた御仁だ。

小池はこう聞いた。

「移転しなくても、環状2号はどうにかなるでしょ?」

13年9月、東京五輪招致決定に伴い、築地市場を突っ切り、選手村のある臨海部と国立競技場の都心部を結ぶ道路、環状2号線が計画された。築地市場の跡地は、約３０００台のバスを収容する駐車場になる予定だった。東京五輪直前までに環状2号を開通させるため、年

末の繁忙期を嫌がる業者側を、都はどうにか抑え込み、豊洲市場を16年11月7日に開場すると決めていた。

都のオリンピック・パラリンピック準備局幹部は、小池が知事に就任するとすぐに、環状2号線が開通しないと五輪に影響が及ぶと説明している。小池はこれを無視。建設局にも、

「環2の工事はどうなるの？　できないという返事はいらない」

と厳しく詰め寄ったが、埒《らち》が明かないので官邸官僚の和泉に知恵を求めたのだった。

「そんなことは無理です」

しかし、和泉の反応はすげなかった。

それでもなお、小池は2016年8月31日、記者会見で移転延期を発表するのだ。

①　翌年1月中旬に公表される豊洲市場の地下水モニタリング調査の最終結果を待つべき

②　事業費が3926億円（11年）から5884億円に膨れ上がっていることへの疑問

③　移転に関する情報公開が足りない

小池が挙げた三つの延期の理由は何ともシンプルで、都民も理解しやすい。だが、やがて自らの首を絞めていくことになる。

手柄横取り

この時も「悪運」が味方した。

延期発表から10日後の9月10日土曜日、小池は緊急記者会見を開く。豊洲市場の土壌汚染対策として都の専門家会議が示していた「盛り土」がなされていなかったと明らかにしたのだ。

「盛り土」とは土木工事の専門用語で、土壌の有害物質を遮断するため、その上にきれいな土を盛ることをいう。都は、深さ2メートルまでの土壌を入れ替えた後、その上部2・5メートルまで「盛り土」をしているとホームページなどで説明していた。ところが実際は、4・5メートルのコンクリートで囲まれた空間が作られ、電気や排水などの配管が通されていたというのだ。

実は土曜日の会見となったのには理由がある。金曜日の段階で共産党がこの件の調査を進めていることを知事サイドがキャッチしたためだ。要は小池が共産党の手柄を横取りしたのである。

都は「コンクリートによる遮断でも安全性を確保している」と説明したが、嘘をついていたのは事実だ。行政をチェックすべき都議会も同罪だから、小池に分があった。

延期発表は、偶然とはいえ「正しいこと」となった。

「盛り土」なる聞き慣れない用語も視聴者・読者を刺激した。その年の「ユーキャン新語・流行語大賞」のトップ10に入る。

さらに９月16日、朝日新聞が１面でスクープを放った。

〈豊洲市場３棟再入札　都の予定価格〉

〈ゼネコンに聴取後　４００億円増〉

〈99%超で落札〉

都とゼネコンがなれ合う「利権」を印象づけることになり、小池はこれを契機に入札制度改革にも着手する。

小池の決断によって、メディアが調査報道をし、市場移転の怪しさが浮き彫りになっていく。メディアとタッグを組む構図は、小池の十八番である。

メディアは追い打ちをかけた。盛り土を地下空間にしたのは誰か。つまり犯人捜しだ。

ポイントは２０１１年10月、地下空間を設けた実施設計の契約時にあった。当時、中央卸売市場長だった中西充は副知事に、管理部長だった塩見清仁はオリパラ準備局長という都の中枢におり、「盛り土」問題は都庁全体を揺るがすことになった。

その後、都は「自己検証報告書」をまとめた。市場長だった岡田至《いたる》（退職）をはじめ、中西、塩見ら8人に責任があると結論づけ、3人は最も重い、減給5分の1（6カ月）という処分となった。現職の市場長・岸本良一は、将来の副知事と目されたエース官僚だったが、減給（3カ月）に加え、総務局理事へ更迭。岸本は「表舞台は嫌だ」と失意のうちに20年3月、都庁を去っている。

当然、２０１１年当時のトップ、つまり都知事・石原慎太郎にも矛先が向いた。当初は「都庁は伏魔殿」などと〝石原節〟をうならせたが、自ら「空間」について触れていたことが発覚した。

「箱ですね。コンクリートの。（略）それを埋め込むことでその上に、市場としてのインフラを支える。その方がずっと安くて早く終わるんじゃないかということでしたね」（08年5月の定例会見）

石原は83歳。13年には脳梗塞を患っている。老人を引っ張り出すことに及び腰だったメディアも、一気に追及を強めた。

開いたパンドラの箱

一方で「副作用」も表れ始めていた。移転延期による補償の問題だ。

豊洲市場の光熱費などの維持管理費は、使っていなくても一日７００万円生じる。業者は移転を見据えてすでに投資を終えていた。都のヒアリングによれば、総投資額は３００億円。これまで抑え込んできた彼らの不満が容赦なく吹き出ることになる。

移転を巡る都と東京ガスとの交渉記録について、都が議会に出した資料はほぼ黒塗りだった。それを小池は「おノリ（黒塗り）を取ってもいいのではないか」との鶴の一声で公開させる。「一丁目一番地」とする情報公開の面目躍如だが、それがパンドラの箱を開けた。

副知事の浜渦が２０００年10月、東京ガスを訪ねた時のやり取り。

浜渦「無茶な話とは思うが、１２００万都民の台所への協力をお願いする」

東ガス「基本的には協力するが、経営判断できる状況がしめされていない。土地価格や開発者負担金を示してほしい」

浜渦「そのことは、水面下でやりましょう」

「水面下」というおどろおどろしい言葉が、市場問題の闇の深さを物語っていた。

２０１７年１月12日、小池は築地市場を訪れた。移転延期決定後、初めてのことだ。事務方は防寒用ジャンパーと使いまわしの女性用長靴を、恐る恐る用意していた。意外にも小池はジャンパーにはあっさりと腕を通した。ただ靴は自分のブーツを使い、緑のショールをまとうおしゃれは忘れなかった。

早朝５時、まさに業者でごった返す時間帯に、白い息を吐きながら登場した小池は、歓迎ムードで出迎えられた。実は彼らは「移転推進派」の〝仕込み〟だ。知事選で「一旦立ち止まる」と語って喜ばせた勢力ではない。一方、「反対派」の仲卸業者も待ちかまえ、小池にユリの花束を渡そうとすると、都職員がマスコミを締め出す一幕もあった。市場当局は、移転を既定路線としたいのだった。

この時小池は終始、浮かない表情をしていた。それもそのはず、前日の知事への説明（Gブリ）で、中央卸売市場長・村松明典から地下水モニタリング検査の最終結果を知らされていたからだ。

知事執務室には、入り口を入ると、横長のテーブルがドンと鎮座している。右側の「お誕生日席」に小池が座り、正面に知事から近い順に副知事、特別秘書、報道官が座る。末席の職員だと、小池の声が聞き取れないほどのテーブルの長さだ。説明者は手前に座る。小池の執務机は、「お誕生日席」の左側にあるが、小池が座ることはめったにないという。

小池の後ろには大型テレビが置かれ、テレビ台には五輪や都庁関連のぬいぐるみが並ぶ。たいていテレビの電源が入れられ、消音にしてニュースやワイドショーが流れている。テレビ台の後ろの壁を隔てたところにシャワー室やトイレが完備されている。鈴木俊一都政時代、そこに大理石の風呂があるとの〝都市伝説〟があったが、普通のシャワー室のようだ。

「お誕生日席」で小池はモニタリング調査の結果を聞かされる。敷地内２０１カ所中72カ所から環境基準を超える有害物質が検出され、しかも発がん性物質のベンゼンが最大で79倍もあるというのだ。基準値は一日2リットルの地下水を70年飲み続けても健康に害がない濃度で、それも地下にあるから人体に影響はない。だとしても「発がん性物質ベンゼン79倍」という数字はあまりに衝撃的だった。

「胃が痛い……」

小池は説明を聞くなり、周囲に聞こえるような声で言った。そして、隣に座る安藤立美《たつみ》副

知事に、関西のイントネーションで、

「胃薬、あげよか」

と冗談を飛ばした。安藤は、石原都政で副知事に就任し、石原、猪瀬、舛添がそれぞれ電撃辞任した時に知事の「職務代理」を務めたほどの陰の最高権力者だ。もちろん笑う職員などいなかった。

都としては、土壌対策は完了しており、２年間のモニタリングは土壌汚染対策法の手続きに過ぎず、市場開場とは関係ないとのスタンスだった。だが「安全だが安心ではない」と指摘して、移転延期を決めたのは当の小池である。都民から喝采を浴びる正直すぎる発言が、自らの首を絞めてしまったのだ。

小池は、問題が複雑化すると「会議」に頼った。とりわけ市場問題に関しては、「会議」を作りまくった。それだけ不安に押しつぶされそうだったのだろう。

まず16年９月、元環境省官僚の小島敏郎を座長とする「市場問題プロジェクトチーム（ＰＴ）」がスタート。同時並行で「豊洲市場における土壌汚染対策等に関する専門家会議」が開かれた。放送大学和歌山学習センター所長の平田健正《たてまさ》を座長とし、オブザーバーとして小島も参加した。補償問題に対応するのは、弁護士らによる「豊洲市場への移転延期に伴う補償に関する検討委員会」だ。

ただ本当に頼りにしたのは東京都の官僚だった。17年４月に始まった「市場のあり方戦略本部」は、メンバー全員が都の幹部で、本部長は中央卸売市場長を経験した中西充副知事。中西は盛り土問題で処分を下され、小池に辞意を申し出たこともあるが、そんなことにかまっていられなくなった。市場当局は「あり戦」と略し、最も重要視した。

さらに、知事や副知事らによる「市場移転に関する関係局長会議」も作られ、「ＰＴ」をからめとっていく。後述するが、小池が「築地は守る、豊洲を生かす」の新方針を出した後も、「築地再開発検討会議」「築地まちづくり庁内検討会」「築地まちづくり検討委員会」と、これでもかと会議を誕生させていった。

12年ぶりの百条委員会

２０１７年２月開会の定例会では、都議選を間近に控えた都議たちが点数稼ぎに走ろうと、石原や浜渦を喚問する百条委設置が全会一致で決められた。皮肉にも、都社会福祉事業団をめぐって民主党に「やらせ質問」をしたとして浜渦が吊るし上げられた05年３月以来の設置であった。

それに先立ち、3月3日、石原は日本記者クラブで記者会見を行う。先手を打って自らの考えを伝えておこうという、メディアの寵児らしい目論見だった。開始時間も練られており、ワイドショーの中継があり、小池の定例会見直後にあたる午後3時にセットされた。

直前の小池の定例会見では、当然石原に関する質問が出た。石原が自宅を出る際、「巌流島に向かう気持ち」と述べた点について感想を求められた小池は、

「あの世代の方たちは、よくモノノフとかサムライとかおっしゃるんで、ちょっと違和感を感じる」

と斬って捨てた。自身は知事選で支援してくれた7人の豊島、練馬区議を「7人のサムライ」と名づけたのだが（第8章参照）、それをすっかり忘れているようである。

「座して死を待つつもりは私、ございません」

記者会見でそう切り出した石原は、スーツを着こなし、常人よりはるかにダンディーに違いないが、高齢は隠しようがなかった。記者の質問を何度も聞き返し、

「私は都職員や議会が判断したものを裁可した最高責任者である」

「だが交渉経緯については浜渦に任せていて報告を受けていない」

「なぜなら私は専門家ではないからだ」

といった言い訳を繰り返した。


計21人に及ぶ百条委員会が始まった。最大のキーパーソン、浜渦の喚問のポイントは、01年7月に都と東ガスが交わした「二者間合意」だった。東ガスの土壌汚染対策の範囲を限定したため、汚染が残ることになった原因となるものだ。

だが浜渦は「全く知らない」「(役人が)勝手なことをしてくれた」と突っぱねた。

4時間にわたる質疑の中で、浜渦が最も激高したのは、都民ファーストの会の音《おと》喜《き》多《た》駿《しゅん》からの質問だった。「混乱を招いた責任を感じないか」と指摘されると、浜渦は、

「当時は、よくぞ東京ガスと交渉をまとめていただいたと、皆さんから称賛されたんですよ」

と証言台をバンバン叩きながらまくし立てた。自席に戻ると、黒塗りの「のり弁」から出てきた文言を使い、こう言い放った。

「水面下で質問したら答えてやるよ――」

「ドーベルマン」はいまだ健在だった。

翌日の石原の喚問は、石原からの要望で3時間が1時間に短縮された。

「私、2年ほど前に脳梗塞を患いまして、いまだにその後遺症に悩んでおります」

石原は記者会見同様、「部下に一任」との説明に終始した。

百条委を通じて明らかになったのは、幹部らの無責任体質だけで、都と東京ガスの水面下交渉の実態解明には至らなかった。05年の百条委の破壊力を思い浮かべていただけに、空振りの印象はぬぐえなかった。

百条委は、浜渦とその部下だった元政策報道室理事の赤星経昭《つねあき》を地方自治法違反（偽証）の疑いで東京地検に告発するのだが、その1年後、東京地検は不起訴処分にしている。

この百条委員会が、市場問題という「劇場」のピークとなった。

「ルー大柴化」

小池は都議選で市場問題を争点にするつもりでいたが、劣勢を感じ取り、

「（市場問題を）旗印にどうこうということは考えておりません」（17年3月24日会見）

と、一気にトーンダウンさせる。

前述の「あり戦」（市場のあり方戦略本部）は、側近政治の敗北に他ならないが、小池は

会議の目的を〈市場問題をアウフヘーベン（昇華）する〉（月刊「文藝春秋」17年7月号の手記）と、もっともらしく説明して強がった。

小池は横文字を多用する。海外経験の豊富さをひけらかすタイプではないというが、たとえばCO_2を「スィーオートゥー」と発音すると、どことなくわざとらしい印象を与えてしまう。

一貫して続ける三つのシティ、「セーフ・シティ、スマート・シティ、ダイバーシティ」は韻の踏み方が見事でセンスが光ったが、ワイズスペンディング、サステイナビリティ、ロックダウン……と乱発が過ぎ、やがて「ルー大柴化」と揶揄された。横文字は耳に残りやすい一方、何が言いたいのか煙に巻く効果もあった。

「市場問題ＰＴ」は黙っていなかった。４月８日、突然、市場を移転せずに築地で再整備する案を公表。都側は面食らい、議会でも「小島私案」と一蹴した。公明、さらに都民ファすらも寝耳に水とあって、ＰＴ座長・小島敏郎の参考人招致を全会一致で決めるが、法的拘束力がないのをいいことに小島は拒否。もはや小島の暴走であった。

小島は千代田区九段にある個人事務所に「勉強会」と称して、大手メディアを呼んでは情報をリークした。学究肌で〃講義〃は長い。露骨に小池擁護をする匿名のツイッター主とも噂される。

かといって小池は、小島を信じ切っていたわけではないようだ。

「発言の責任は自分で取らないといけないわね」

そう語って突き放したという。小島の発信力を体《てい》よく使っただけのようだ。

「築地は守る、豊洲を生かす」

専門家会議は、平田健正を座長とし、都側と市場関係者が対峙して意見を集約する、互いの心臓をこすり合わせるような場だ。６月11日はその最終回で、都幹部はともかく頭を下げて難局を乗り切ることに決めていた。

中央卸売市場ナンバー２で後に『築地と豊洲』を上梓する澤章は、会議の開かれる築地市場に向かう地下鉄の中で、小池からの電話を受けている。

「民間ではトップが頭を下げるのは当たり前。斜め45度でお辞儀をしなさい」

と具体的な指示があった。当初は市場長・村松明典と澤だけの予定だったが、出席した都職員全員が起立して、頭を下げた。

６月15日の「あり戦」では、小池は役人が用意したペーパーにない文言を口にして、市場当局を焦らせている。

「現場の方に謝るのが筋かなと思いますので、その段取りをよろしくお願いします」

豊洲市場の問題について、小池自ら詫びたいというのだ。そして、実際に2日後の土曜日、市場関係者に深々と頭を下げるのである。

生きのいい現場の人間といえども、時の為政者に頭を下げられては、不満も収まるというものだ。小池はその要諦を適確にとらえていた。

これを奇貨として小池は一気に決断を下す。

6月20日、つまり都議選告示3日前のことだ。

「築地は守る、豊洲を生かす」

わかるようで、わからない。しかし、メディアが飛びつくようなフレーズを緊急記者会見の場で発表するのである。

具体的な内容は、豊洲市場の追加の安全対策をした上で市場を移転し、物流センターの拠点とする。築地市場は売却せず、5年後をめどに再開発して「食のテーマパーク」とする。それまでの跡地は、環状2号線を開通させ、駐車場として活用する——。

「(五輪後に)食のテーマパーク機能を有する新たな市場として、東京をけん引する一大拠点とする」

この緊急記者会見での映像が繰り返し取り上げられることになるが、この「新たな市場」という一言は小池のミスだった。だからであろう、現在もホームページで見られる記者会見用のペーパーには〈「食のテーマパーク」機能を有する新たな場として〉とあり「新たな市場」とは書かれていない。

小池は「小島私案」に引きずられていた。5年後に仲卸業者だけでも築地に戻すことができないかと考えた。選挙は近い。移転賛成派、反対派どちらにも良い顔をしたかったのだ。根回しなどなかった。〝陰の最高権力者〟の副知事・安藤立美ですら聞かされたのは、会見の1時間ほど前だった。

「『築地は守る、豊洲を生かす』ってどういう趣旨かよくわからなかった。『食のテーマパーク』も『5年後に戻る』というのも。いったいどういうことなんだろうと（笑）。ただ市場担当の中西（充・副知事）さんと一緒に、知事に『中央卸売市場は豊洲ですよね』という念は押しました」（安藤）

築地のある中央区長・矢田美英《よしひで》も言う。

「記者会見で知りました。（5年後に築地に市場を戻すということは）信用してなかった。

だって豊洲ができてるんだから」

都議選で都民ファーストの会が圧勝することは第4章で触れた。勝てば官軍ということか、もはや戦うポーズは不要とばかりに、小池は急速に市場問題の収束を図るのである。

暴走気味の「ＰＴ」は8月4日、「第2次報告書案」を提出したことをもって廃止された。

そして、小池は開き直ったのだろう。8月10日の定例会見で〝迷言〟を放つ。

記者から「築地は守る、豊洲を生かす」発表の経緯が情報公開されていない点を追及された時のことだ。

「それはＡＩだからです」

ＡＩ？

「回想録に残すことはできるかと思っておりますが、その最後の決定ということについては、文章としては残しておりません」

つまり、議論の積み重ねなどなく、自身の〝勘〟に頼ったものだと胸を張ったのだ。

市場の移転延期は〈情報公開が足りない〉ことが理由の一つだっただけに、もはやブラックジョークですらない状況になっていた。

江東区とのバトル

豊洲への移転を既定路線としながらも、小池の喉には「安全宣言」が小骨のように引っかかっていた。「農水大臣と話を進める」とリスク回避を企てたが、宣言を出さないことには移転できない。

小池は築地再開発を巡り、「築地再開発検討会議」を立ち上げた。初回の会合が、10月12日という衆院選公示後のタイミングだったため、小池は冒頭10分だけで中座し、選挙応援に向かった。

「自分で立ち上げといてなんだよ」

私のそばにいた記者は、そう吐き捨てた。小池には国政の方が大切だったのだ。

だが、希望の党設立、排除発言を経て衆議院選で大惨敗し、小池人気は失速。市場移転の難局を乗り越えなければ、知事失格の烙印が押されてしまう状況となっていた。

足元を見たのが、豊洲を抱える江東区長・山崎孝明だった。元都議の山崎は〝親内田〟つまりは〝反小池〟である。11月10日に開かれる新市場協議会で移転時期が確定するはずが、その開催にストップをかけてきたのだ。豊洲市場受け入れにあたり、区議会で決議した「土壌汚染対策の実施」「地下鉄8号線の事業化などの交通対策」「千客万来施設整備」の三つの約束が、何一つ実行されていないとの理由だった。

埋立地やゴミ処理施設などを抱える江東区は、〝汚れ仕事〟を担っているのを逆手に取って東京都のカネを引き出すことから、かねてから都職員に「強盗区」と揶揄されてきた。三つの約束のうち「8号線」などは、半世紀がかりの事業でとうてい無理な条件で、そこは都と区の暗黙の了解となっていた。老獪な山崎は、それをあえて炙り出したのだった。つまりは嫌がらせである。

「で、どうするの？　決めない理由を探してるのね」

延期の連絡を受けた小池は苛立ちを露わにした。さらにこう漏らした。

「あの子にしてあの親ありね」

山崎の息子・一輝《いっき》は父の地盤を継いだ自民党都議。東海大学体育学部に在籍した体育会系で年配議員からかわいがられ、将来の〝自民党のドン〟と目される若手だ。一輝の議会での厳しい質問に、小池は辟易《へきえき》していた。

妥協せざるをえなくなった小池は、食のテーマパーク構想を「一つの考え方として申し上げたもの」（11月24日会見）と変化を見せる。

12月は、マスコミ各社が一年を振り返るインタビューを小池に申し込んでおり、分刻みでスケジュールが組まれていた。だが小池が、開場日が決まらない段階では受けたくない、すべてキャンセルする、と駄々をこね、周囲がとりなすという一幕もあった。

市場当局の懸命の根回しで12月20日、新市場協議会が再開され、築地は18年10月6日で営業終了、豊洲市場開場は10月11日と決まった。2年遅れの開場であった。

小池は盛んに築地市場に行きたがった。年明けの初競《はつぜ》りにも顔を出すつもりが、「警備上の問題」などともっともらしい理由をつけ、市場当局は先延ばしにしていた。築地市場関係者から「知事には来てほしくない」という声が上がっていたためである。

小池が、築地への訪問ですべてを水に流そうとしていることなど、すべてお見通しだった。

こうして小池と市場当局とのぎくしゃくとした関係は続いたが、一層こじれる〝事件〟が起こった。

市場移転の道筋がついたことで、小池は市場当局幹部10人ほどとの会食を年明け早々にセットしていた。会場は都庁近くの中華料理屋だ。

だが当局は失態を犯していた。豊洲市場のパンフレットを刷り上げたのはよいが、小池に事前に見せることなく、各会派に配ってしまったのだ。

会食当日、中央卸売市場次長の澤章らがひと通りGブリ（知事への説明）を終えたところで、小池はこう口にした。

「今夜の会食なんだけど、私は用事が入りましたから。代わりに（特別秘書の）野田を行かせますから。楽しくやってね」

なぜ知事より先に自民党に持って行くのか、と小池は不信感を露わにしたのだ。結局、市場当局と小池の会食は、その後にいたるまでセットされることはなかった。

小池が築地市場を視察できたのは2月17日になってからだ。この日は土曜日で多くの都職員が休日出勤を余儀なくされ、しかも平昌五輪でフィギュアスケートの羽生結弦の金メダルがかかった日でもあり、さしてニュースにならなかった。

ただし重要な方針転換を行っている。業界団体代表との非公開の意見交換会で、小池は「築地に市場を作ることはない」と二度、口にしたという。

ついに「5年後に築地に戻る」ことを撤回したのである。

トップの朝礼暮改は悪いことではないだろう。役人たちもそれはわかっている。だから「ゆりこのゆりもどし」と苦笑いしながら我慢するしかないのだった。

「安全宣言」と並ぶ難題は、「食のテーマパーク」構想の後処理だった。

豊洲市場には「千客万来施設」という大浴場やフードコートを備える計画があった。その計画は、全国で温泉施設などを運営する万葉倶楽部株式会社（神奈川県小田原市）が請け負うことが決まっていた。17年1月に着工、18年8月にオープンさせる予定だったが、築地に同様の施設ができるとなればテナントや客の取り合いになるため、工事をストップさせていた。

万葉倶楽部会長の高橋弘は、22歳で写真店を興した後、温泉事業に手を伸ばして「万葉の湯」などを全国展開させた立志伝中の経営者だ。82歳の高橋からすれば、小池のような〝小娘〟にあしらわれるのが我慢ならなかったのだろう。

一方の小池も高橋を「古ダヌキだから気をつけなさいよ」と警戒した。

18年5月1日午後1時過ぎ、小池は電撃的に小田原市の万葉倶楽部本社を訪問する。当初は副知事の長谷川明だけが訪問する予定だった。

自身が行けば態度が軟化すると思ったのだろうが、高橋は甘くなかった。

小池「私が若干、誤解を与えるようなことを申し上げて、そして、ここまできてしまったことについては、申し訳なく思う」

高橋「豊洲事業の遅れに責任は感じないか」

小池「都民が私を選んだ。都民のせいだ」

面談は1時間にわたり、小池は終始猫なで声だったというが、謝罪のないことに高橋は納得しなかった。

その後、都と万葉倶楽部のチキンレースが続く。しかしこれから新たな業者を見つけるなど気の遠くなる話で、都は譲歩していくしかなかった。

5月30日午後7時半、小池は横浜ベイホテル東急の会議室を訪れた。中央卸売市場長・村松明典も、小池に密かに呼び出されていた。そこにいたのは高橋だった。30分程度面会し、小池は三度頭を下げて、謝罪の言葉を伝えた。高橋は怒りを矛に収め、事業継続を決めた。ホームページ上で散々、都をこき下ろしてきた同社だが、それらのページはすべて削除されている。

豊洲市場開場

豊洲市場の38億円に及んだ追加工事は、入札不調を乗り越えて完了に漕ぎつけた。それを受け、都の専門家会議は7月30日、記者会見を開き「将来リスクを踏まえた安全性が確保されたことを確認」との評価を公表した。移転日も決まり、小池がその会議を拠り所としている以上、〝忖度〟せざるをえないのが本音だろう。実際、座長の平田健正は、記者からいつ地下水は基準値を満たすのかとの質問に、

「十年後にきれいになってるのかといわれると、たぶんわからない」

と匙《さじ》を投げている。

小池は専門家会議の評価を金科玉条のごとく根拠とし、翌31日午後6時半、

「都民、そして市場関係者の皆様に対しまして『豊洲市場は安全であり、安心して御利用いただける』と、このことをお伝えしたいと存じます」

と、「安全宣言」を行った。

ただし宣言は会見の場ではなく、「市場移転に関する関係局長会議」でサラリと述べられたものだ。移転延期、「築地は守る、豊洲を生かす」の方針発表、移転日決定と局面ごとに緊急記者会見を開いてきたことを考えれば、尻すぼみのフィナーレであった。

9月10日、農水大臣・齋藤健《けん》が市場開設を認可し、30年以上にわたった「市場移転問題」は決着した。

＊

前日の雨も上がって秋の好天に恵まれた10月6日土曜日、築地市場は83年の歴史を閉じた。だが、築地市場ではトラブルが起きていた。「営業権」を主張する仲卸業者が侵入し、「お買い物ツアー」と称してウニの瓶詰などを売り始めたのだ。それを都や中央区職員らが静止し小競り合いが起きていた。

「ダメね！」

都幹部から報告を受けた小池は一喝した。そしてこう続けた。

「明日入れたら、終わりよ」

「終わり」とは、出世の道が途絶えるということだろう。都の課長らは、ホームセンターに出向いて有刺鉄線を買い込み、どうにか侵入を防いだという。

まだ開通していない環状2号線は、市場業者の引っ越しのために開放された。９００業者に及ぶ世紀の大引っ越しは無事終わり、11日午前0時、豊洲市場は開場した。

午前5時の豊洲市場は活気に溢れていた。それは「築地」の賑わいそのものであり、業者たちにとって新たな日常が始まったのだった。

そこへ小池は東京五輪公式グッズである風呂敷タイプのスカーフを身に着け、白の長靴を履いて現れた。

「東京の、そして日本の中核的な市場として皆さんとともに育てていく。皆さんとともに豊洲ブランドを一日一日育てていく」

その後小池は、築地から移転してきた「大和寿司」で舌鼓を打つ。

観光客でごった返す中、行列の絶えない人気寿司店を貸し切りにしたのだった。

小さき声を拾い上げたように見せ、その声を拡張する「劇場」装置を作り出し、都知事選と都議選を勝ち抜いた。

その「劇場」に翻弄された業者たちを尻目に、小池百合子は平然と寿司をつまむのである。

第6章

「排除いたします」

「万能足りて一心足らず」

２０１６年5月のことだ。

あるベテランの国会議員秘書が、国会内で小池百合子を見かけた。

かつてその秘書は小池と親しかったが、ある時期から関係が途切れるや、小池と顔を合わせても素通りされるようになっていた。だから秘書は、この日も目礼するだけで通り過ぎるつもりだった。

ところが小池は、秘書に歩み寄ってきて「あら～元気？　がんばってる？」と親しげに話しかけてきたのである。

秘書はいぶかしんだが、直後に小池が東京都知事選への出馬を表明したので、腑に落ちたという。

このように小池は、自身にメリットがあるかないかで、平然と距離を取ったり近づいたりする。わかりやすい行動だが、常人であれば、なかなかそのような振る舞いはできない。人望もなくなるだろう。

しかし小池は、それで構わないと思っている節がある。

政治家は権力欲の塊だ。議員バッジをつけた多くの人は、総理大臣を目指す。その時必要なのは、派閥を作ることであり、共闘した仲間を蹴落とす非情さでもある。およそ欲望と名のつく中で、人を傷つけなければ満たされることがないのが、権力欲である。

つまり小池には政治家としての〝資質〟が十分備わっているといっていい。

「『万能足りて一心足らず』でいいのよ」

古い支援者は、小池がこう語るのを聞いて、耳を疑ったことがある。あらゆる能力を持っていながら心が足りていない人のことを指し、それを諫《いさ》める格言だからだ。だが小池は「一心足らず」でも構わないという。

この考え方が通底しているとわかれば、小池百合子の政治行動は理解しやすい。

小池が東京都知事を目指す経緯を改めて振り返ってみよう。

舛添要一の辞任を受け、２０１６年６月17日に開かれた自民党東京都連会合に小池は出席したが、それは極めて珍しいことだった。当時、小池は都連会長代理の要職にありながら、まず都連会合には顔を出さなかった。この日、久々に出席したのは、次期東京都知事選に向け、多くの記者がこの会合に注目していたからだった。

後に小池は内田茂を始めとする自民党東京都連幹部を「ブラックボックス」と批判するが、

小池自身もコミュニケーションを取ろうとはしていなかったことになる。

ここで小池の家族と親交のあった「政界フィクサー」にご登場願うが、その前に小池の家族関係にも触れておきたい。

小池の父・勇二郎が貿易会社を経営して世界を飛び回り、衆院選挙に出馬して無残に落選した豪傑だったことは第2章で触れた。ところが経営難で会社は破綻、兵庫県芦屋市の自宅は差し押さえられてしまうのだ。

小池は人生を父に翻弄されたわけだが、かつて「週刊文春」記者・藤吉雅春の取材に次のような本音を漏らしている。

〈人に説明しても絶対に理解されないと思ったから、父のことは話しませんでした。家族の困ったちゃんなんです〉（「週刊文春」05年10月13日号）

月刊「文藝春秋」08年6月号の「オヤジとおふくろ」という両親について1ページで綴る名物コラムにも原稿を寄せている。その中では〈破天荒な父に、私は大きな影響を受けた〉と振り返っている。

13年、自民党が政権を奪還するのを見届けるように勇二郎（5月、90歳）、母・恵美子（9月、88歳）が相次いで亡くなった。

小池は都議選で自民党を「おっさん政治」と揶揄し、「おっさん」たちをバッサバッサと斬り捨ててきた。05年郵政選挙で東京10区の〝刺客〟となって小林興起《こうき》と戦った。それまで自民党衆院議員を5期務め、財務副大臣にも就いた小林は、郵政民営化法案に反対したために自民党を離党。小池との選挙に敗れ、以来、国会に返り咲くことはない。07年には、防衛大臣として防衛事務次官・守屋武昌を追いやった。都知事になると内田茂、森喜朗、石原慎太郎らを次々と〝ヒール役〟に仕立てた。

根回し、気配り、調整こそが政治という「おっさん」たち。この政治手法は「エリートは暴走する」という戦争の失敗に基づいた戦後保守政治の「知恵」との評価もあるが、小池は敵視し続けた。それは父との複雑な距離感から来ているように思える。

さて話を戻そう。小池家が自宅を差し押さえられ、路頭に迷っていた時代、助け舟を出したのが朝堂院大覚《ちょうどういんだいかく》である。空調工事会社「ナミレイ」の会長として巨額の財をなし、元官房長官の後藤田正晴や石原慎太郎らの指南役として活動し、政界フィクサーとして鳴らした御仁だ。

私が取材を申し込むと、朝堂院は75歳の今なお予定がびっちり入っているとのことで、朝9時に自宅に来るよう指定された。港区内の高層マンションの最上階で、骨とう品や絵画が並ぶ部屋だった。

「ヤクザの手形が勇二郎の所に回ってるから、会社がめちゃくちゃになり、家もヤクザに乗っ取られて、それでワシの所に頼みに来た。どれくらい手形があるのか聞くと十数億あると。それをワシが片付けた。その後、勇二郎を六本木の小さいマンションに住まわせてやったよ。百合子はアラビア語の通訳を始めて、希少価値があったから、ワシの仕事を手伝っていた。竹村健一と（テレビの）仕事をするようになって離れていった」

　小池はどのような女性だったのか。

「普通の女だけど、目つきがね。何かを企んでいる目つきを感じた。全く母親の顔と一緒」

母・恵美子が専業主婦でありながら、カイロで日本料理店を出したことは第2章で触れた。小池は父より母への愛情が強かったと思われる。『小池百合子写真集』（双葉社）の〈家族関係〉というページでは、父は経歴だけだが、母の欄には〈何でも好きなことをしなさいと背中を押してくれた〉などと感謝の思いを綴っている。両親に老いが忍び寄った時、小池が介護したのは恵美子であり、勇二郎は特別養護老人ホームに預けた。

　朝堂院は１９８２年、東京地検特捜部に逮捕された。別の空調会社の業務提携を強要したためで、懲役2年、執行猶予4年の刑が確定する。いわゆる「ナミレイ事件」である。

「それと同時に小池家と縁が切れた。小池ファミリー全員がワシの元から去っていったな。向こうからも寄りつかなくなった」

小池百合子は、相手が大物政治家でも動じることはなかった。

２００３年９月、小池は環境大臣として初入閣を果たす。時の総理、小泉純一郎の一本釣りとはいえ、小泉の出身派閥・清和政策研究会に入ったことも奏功しているはずだ。

派閥パーティを開く時、所属議員は一枚２万円のパーティ券購入のノルマが割り当てられ、大臣ともなれば１００枚、２００枚とさばかねばならない。だが小池は、当時派閥を率いていた前総理・森喜朗にこう言い放つのだ。

「私、そんなの無理です」

後に小池と森は東京五輪で何かとバトルを繰り広げるが、かねてから森は、小池に煮え湯を飲まされていたのだった。

私もある光景を目の当《ま》たりにし、ゾッとしたことがある。

知事は定例会最終日の恒例行事として、都庁幹部らを引き連れて全会派に挨拶まわりをする。私が自民党控室で待っていると、そこには都議の山加朱美《やまかありみ》がいた。山加は小池と同世代でフリーアナウンサー出身。練馬区が選挙区のため、小池が05年に東京10区（豊島区、練馬区の一部）に国替えした際は、山加が地元を案内してまわった仲だ。実際、小池の著書『女子の本懐』（文春新書）には、選挙参謀役をお願いしたとも記されている。

小池が控室に入ってきた。山加は微笑みながら目礼をする。

ところが小池はそれを少し見やっただけで、自民党幹部の元に歩み寄っていったのだった。

一都議が親しげにするな——。

私には、そう言わんばかりの態度に見えた。

石原と浜渦

小池のそうした冷徹な人間性は、築地市場問題で存分に発揮され、喝采を浴び、さらに先鋭化したといえる。

矛先は、石原慎太郎に向かった。

小池と石原は浅からぬ縁がある。小池の父・勇二郎が政治にものめり込み、青年作家だった石原慎太郎を国政に推す動きに参画していたからだ。

都知事を退任し、日本維新の会共同代表として衆院議員に舞い戻っていた石原は、２０１

4年、つまり舛添要一が勝利することになる都知事選の時、じきじきに小池を口説いたという。

〈議員会館の（石原の）事務所でお会いしたら、石原さんは「応援するから都知事選に出ないか。人もお金も全部こっちで用意する。都知事は面白いぞ」と言うのです〉（「週刊文春」17年3月23日号）

だが連絡は途絶え、石原は元航空自衛隊幕僚長の田母神《たもがみ》俊雄を擁立し、この話は頓挫した。

そこは〝タレント〟同士。石原が都知事選で小池を「大年増で厚化粧の女」とこき下ろしたと思えば、前章で見た通り、小池は石原に斬りかかった。

石原は「盛り土」に関し、都による聞き取り調査から逃げ回ったが、その時小池は次のように言い放つ。

「これまでも作家生活、何よりも東京都知事を続けてこられたということのいろいろなご功績を無になさらないようにしていただきたい」（16年10月14日定例会見）

さらには息子にまで及んだ。

17年1月12日、小池は突然こんなツイートをする。

〈本人の思いもつかないことを断定的に言ったり、まるで無関係なことを結びつけたり、すごいなぁと妙に感心。また、別人格とはいえ、コメンテーターらしき人に、親の負の遺産を無視して都政について語らせるのはどうかと思う〉

これだけ読んでも意味不明だ。だが、豊洲市場地下水モニタリング調査で環境基準値の79倍ものベンゼンが検出されたことがメディアを賑わせており、その文脈でいえば、「親」は石原慎太郎、「コメンテーターらしき人」はテレビ朝日「羽鳥慎一モーニングショー」に出演する石原の次男・良純だということがわかる。

小池は都知事選以降、メディアを味方につけ、報道への批判を口にすることはまずなかった。揣摩《しま》臆測が報じられても、どこか楽しんでおり、それさえ計算ずくのようでもあった。だが石原ファミリーのことは許せなかったのだろう。

前述のように百条委でも石原の責任は問われることはなく、「小池VS石原」は終わったかに思われた。

しかし小池はあきらめない。

18年8月20日、小池を支援する「百乃会」の第1回夏期セミナーが開かれた。「百乃会」は、小泉政権で法務大臣を務め、知事選で小池を支援した杉浦正健《せいけん》が音頭をとり、17年8月に設立した会である。

「知事の歳費を半分にしたから、小池さんはカネがないんだよ。『運転手の給料をどうしようかしら』と悩んでいたくらい。それくらいは出してあげたいと会を発足させた。71人が入会した」（杉浦）

自民党総裁選直前とあって多くのメディアが集まっていた。小池は、ニュースを提供せねばと考えたのだろう。

「何とか銀行がきらぼし銀行となって再出発した」

と、「石原銀行」とも呼ばれた「新銀行東京」が消滅したことを揶揄したかと思えば、

「尖閣諸島を東京都が買った。問題でなかったものを舞台にのっけてしまった。マイナス金利で塩漬けになっている」

と、石原の肝いり政策を斬り捨てた。その4日後の定例会見では、石原の「新大学構想」に基づき設立した「首都大学東京」を、母体となった「東京都立大」の大学名に戻すことを発表している。

小池は文字通り親の仇のように、石原をつぶしにかかったのだった。

石原とともに百条委で喚問された元副知事・浜渦武生との関係は、いっそう深い。

出会いは、小池が神戸のお嬢様学校、甲南女子学園高校に通っていた頃だ。

〈当時、石原さんを支持する学生の会が大規模に立ち上がり、その中心人物の一人が関西大学の学生で、のちに石原都政のもとで副知事を務めることになる浜渦武生さんだった。石原さんを応援する中で、いつのまにか浜渦さんはわが家に住みつくようになった〉（小池百合子『自宅で親を看取る』幻冬舎）

浜渦は小池の兄・勇と親しくなるが、それにしても「住みつく」とはよほどの関係である。勇は後に、海外進出支援事業などを手掛け、世界を飛び回ることとなる。一方の浜渦は、関西大学を卒業後、衆院議員だった石原慎太郎の秘書になった。秘書として信頼を勝ち取り、石原が東京都知事になると特別秘書、ついには副知事にまで登りつめる。石原から「余人をもって代えがたい」と称賛されるが、第2章で触れたように2005年の百条委で辞任に追い込まれた（退任後は、東京都出資の東京交通会館副社長にすんなり天下っている）。

小池が知事になって初登庁の日、その浜渦が〝偶然〟都庁を訪れていた。

〈陳情があったので都庁に行ったんです。せっかくなので都議会にも寄っていこうと思ったら、衛視に止められたんですよ。「今、知事が来ますから」って。で、知事が来て「あら、ここにいたの」と言われたので「おめでとう」と言って握手をしたんですが、たまたま会っ

ただけです〉（「正論」16年12月号）
これを額面通り取るわけにはいかない。その後、浜渦が何かにつけ小池サイドにアプローチしてきたという話もある。
小池はそんな浜渦も一刀両断にしていった。

ファーストペンギン

２０１６年の東京都知事選で小池を支援した現職都議は、会派「かがやけＴｏｋｙｏ」の音喜多駿、上田令子、両角穣《もろずみみのる》の３人のみである。小池は彼らを、一番に海に飛び込む「ファーストペンギン」と称えた。２０１７年１月、会派は「都民ファーストの会東京都議団」と衣替えし、「小池新党」が初めて都議会に議席を持つこととなり、音喜多は幹事長に就任する。

ところが1年後、音喜多は上田とともに小池の元を去るどころか、反旗を翻《ひるがえ》すまでになる。

小池のことを今、客観的に忖度なく語れる数少ない人物が、音喜多だろう。音喜多は、19年3月、都議を辞めて北区長選に出馬して落選しながらも、同年7月の参院選で日本維新の会からしぶとく当選している。取材を申し込むと、検察定年延長の法案審議の最中、時間を捻出してくれた。

音喜多は29歳にして、13年の都議選で元規制改革担当相の渡辺喜美率いる「みんなの党」から初当選。著書『ギャル男でもわかる政治の話』（ディスカヴァー・トゥエンティワン）を出版し、毎日ブログを更新して「ブロガー都議」を名乗った。

そんな〝新世代〟の政治家とあって、取材場所となった議員会館の応接室には、動画撮影用の機材がいくつも置かれていた。音喜多は自身のイメージカラーであるオレンジのマスクをし、ノートパソコンを手に現れた。

「小池さんが出馬表明した後、渡辺喜美さんから『百合子をやらないか』と誘われたんです。私は小池さんと面識はなかったのですが、他の候補に比べれば支持できるかなと。ただ、当選してもまた自民党に戻るんだろうと思い、あまり乗り気ではなかった。小池さんと初めて話した時、『まだ自民党籍がある。覚悟が感じられない』と聞くと『ルビコン川を渡ったのよ』と。じゃあ乗っかってみるかとなった」

音喜多はまず、知事選で応援した経緯をそう説明した。さっそく音喜多は、小池の機を見るに敏な一面を垣間見ることとなる。

「選挙戦序盤、ネット番組を収録しようと事前に打ち合わせをした時、小池さんは自民党批判などかなりぶっちゃけた話をしていた。でも次第に情勢が良くなり、実際の番組収録では、無難な話しかしなくなった。その収録はお蔵入りになったほどです」

選挙期間中、音喜多は小池と折に触れて話すのだが、市場問題の議論になることは全くなかったという。都議会で市場問題を追及してきた音喜多からすると、その後、この問題に傾倒していく小池の姿に不安を感じるようになった。市場問題プロジェクトチーム座長の小島敏郎が築地を再整備させるため、豊洲市場を批判した際、音喜多は即座にブログで反論。これには、小池の秘書だった荒木千陽（後に都民ファ代表）が「あのブログはよくない」と電話をしてきた。当然、小池の指示だろう。

都議選が間近に迫った頃、ファーストペンギンの三人は、渡辺喜美の音頭で小池と都庁近くのホテルでランチをした。音喜多が、

「豊洲には移転すべきです。玉虫色にしちゃいけませんよ」

と伝えると、小池は、

「大丈夫だから。決めるから。あんまり外で言いすぎないでね」

と返したという。

その直後、小池は「築地は守る、豊洲を生かす」を打ち出すのである。

２０１７年７月の都議選で音喜多は北区選挙区（定数３）でトップ当選を果たし、都議会自民党幹事長・高木啓《けい》を蹴落とした（高木は後の衆院選に自民党比例で当選）。主役級の扱いで、テレビに引っ張りダコとなった。

「トップ当選おめでとう。自民党も落としてくれて最高の結果です」

小池は音喜多に祝福の電話をかけたが、こう付け加えるのを忘れなかった。

「でも、あまり調子に乗らないでね」

それを音喜多は、親ほど年の離れた小池からの愛情表現と受け取ったのだが、会話らしい会話はこれが最後となった。

３人から55人にまで膨れ上がった都民ファーストの会。しかし〝プロパー〟でもあるファーストペンギンは、役員どころか本部長レベルの役職にすら就かなかった。音喜多はまだしも、上田は区議、両角は市議を経験したベテランだ。

露骨なファーストペンギン外しだった。

さらにメディア出演を禁じられ、分派活動を警戒するあまり、議員同士の食事会まで禁止されてしまう。メディア露出の多かった音喜多の手足はしばられる一方だった。自宅を出ても都庁に向かわず、図書館や漫画喫茶に入り浸るようになる。

小池からすれば、対等な目線でずけずけとモノを言ってくる音喜多のような存在が、目障りだったのだろう。都議選までは我慢してきたが、もうその必要はないというわけだ。

都民ファの運営こそ「ブラックボックス」だと、音喜多は幹部に再三諫言してきたが、歯牙にもかけられなかった。やがて離党を決意する。

衆議院解散、小池の「希望の党」設立で、衆院選挙一色となった頃、メディアは音喜多の離党を報じ始めていた。音喜多の元には、選挙へのマイナスを気にしてだろう、渡辺喜美や希望の党の候補者から次々と慰留の電話がかかってくる。

だが小池からは何の連絡もない。

「私からも電話すべきかと思いましたが、出処進退は一人で決めるものと、あえてかけませんでした。もし小池さんから何か声をかけられたら、揺らいだかもしれない。そういう気遣いを一切しないところが、小池さんらしいのですが」（音喜多）

17年10月5日、都議会定例会最終日、音喜多と上田は離党会見を行う。衆院選公示の5日前という、小池にとって最悪のタイミングだった。手痛いしっぺ返しをくらったのだ。弁護士出身の都民ファ都議は、「あの野郎、訴えてやる」と吐き捨てた。この会見で、希望の党の獲得議席が35～50議席落ち込んだとの分析もある。

当時私は、音喜多が離党した真の理由として、衆院選への出馬が決まっていたのを小池が「リセット」したからだと耳にしていた。音喜多はそれを否定する。

「衆院議員になりたいとの野心はありましたし、実際、オファーがあったのも事実。荒木代表からも一次公認発表の直前、『東京1区で出していいか』との電話がありました。それらはこちらからすべて断っています。民進党の議員がどんどん入ってきて、何をやりたい党なのかわからなかったし、小池さんに大きな〝借り〟を作ってしまうと思ったからです」

音喜多はやがて小池批判の急先鋒となり、翌18年4月には〈偽りの小池都政〉なるキャッチフレーズの著書『贖罪』（幻冬舎）を出版している。

2019年3月の定例会最終日、この日をもって都議を辞する音喜多は、小池の〝大名行列〟を廊下で出迎えた。

「北区長選に出ることになりまして……」

「そうですか。がんばってください」

音喜多は手を差し出そうとしたが、小池はそれに応じることなく去っていった。

参議院議員会館612号室で、音喜多はこう振り返った。

「小池さんを一言で表すなら、仏教用語の『空《くう》』（実態がなくむなしいこと）。私は政治家としてまず渡辺喜美さんに仕えたのですが、日本をこうしたい、というビジョンをお持ちだった。でも小池さんからは最後まで何も感じられなかった。ただ感謝はしています。私の露出が一気に増えたのも、知事選で小池さんを応援したからです。小池さんのおかげで人生は変わりました」

「医療用です」

組織には「人材のスクラップアンドビルド」が不可欠だが、小池はこうした「スクラップ」は得意とするが、「ビルド」については不得手だった。向いていないというべきかもしれない。

「新党は３日でできる。綱領もマニフェストもあっという間に仕上げることができる」

小池はそう語ることがあったが、これまで新党なり派閥なりを率いたことはない。細川護熙、小沢一郎らリーダーの参謀、もっといえばＰＲ担当に過ぎなかった。

ここからは２０１６年の小池の政治塾「希望の塾」立ち上げから、２０１７年の衆議院選挙での「希望の党」失速、そして惨敗までをつぶさに追っていく。

この国政、そして「女性初の総理」へ最も近づいた経緯は、前章の市場問題が辿った道とあまりに似ているのだ――。

２０１６年10月30日の希望の塾開塾式には、お坊さんや子連れのママといった〝キャラ立ち〟する人らが訪れ、ブームに一役買った。第４章で触れたように４８２７人が詰めかけ、その中にはかつて一世を風靡したお笑い芸人のエド・はるみの姿もあった。記者に囲まれたエドは、「ぐ～」のギャグをするよう煽られたが、「真剣にやっているので」と言いつつ控え目な「ぐ～」を披露した（結局、エドは出馬しなかった）。

だが、現場にいた私は、塾の行く末に不安を感じていた。

開始予定の午前10時から遅れること15分。司会を務めるのは元日本テレビアナウンサー・松永二三男である。松永のバックには大型スクリーンがあり、耳が不自由な人のために字幕が流れるようになっていた。

「いよいよです」

松永は時代がかった言い回しで始まりを告げたのだが、字幕には、

「医療用です」

誤って変換された字が現れてしまい、場内は失笑に包まれた。何ともしまらない、暗雲漂う門出であった。

「塾」とうたっているだけに、小池の政治理念を浸透させ、未来の政治家を育てていかねばならないはずだが、カネ集めと、目先の都議選候補者を集めるのが目的だった。塾生の意識も千差万別で、ゴルフをするだけの「分科会」もできた。

小池の人気をまざまざと見せつけられた他党は、甘いものに群れるハチのように吸い寄せられる。

とりわけすり寄る姿勢を見せたのは、蓮舫《れんほう》率いる民進党だった。16年9月、人気目当てで代表に選ばれた蓮舫だが、自身の二重国籍問題で躓《つまず》いただけでなく、〝政治の師〟と慕う前総理・野田佳彦を幹事長に据えたことで党内から猛反発を食らう。

あげくに「希望の塾」への参加を推奨した。

「次の選挙では小池さんの推薦がほしいからね」

開塾式に来ていた民進党支部長は、私にそう開き直ったものだ。

2017年1月、都議会民進党からついに離党者が出る。公認を予定していた増《ます》子《こ》博《ひろ》樹《き》（文京区）と伊藤悠《ゆう》（目黒区）だった。二人とも2期、都議を務めたが浪人中の身。希望の塾にも通った。

現職の都議会民進党は「小池知事を一貫して支持」と表明し〝無条件降伏〟することで生き延びようとした。

だが小池は「来るもの拒まず」ではなかった。

「民進党そっくり、ということは全く考えておりません」（２月３日記者会見）

後の「排除」発言に通底する考え方である。

民進はついには「民進」の名を捨てる。「都議会民進」（14人）と旧維新の党の「民進都議団」（４人）が合流し、「東京改革議員団」という都民ファのキャッチフレーズ「東京大改革」を模した会派が結成される目もあてられない状況となった。

前回選挙で15議席取った民進は、２０１７年７月の都議選で５議席に激減させた。いち早く都民ファへ逃げ込んだ増子は都民ファ幹事長、伊藤は政調会長代理といった要職につくことになる。

二頭立て

「年内に国政新党への動きが出てくることは流れとしてはありうる」

小池新党について衆院議員・若狭勝が公の場で初めて口にしたのは、都議選からわずか1週間後、17年7月9日のフジテレビ「報道2001」でのことだ。発言はニュースとなり、私は取材の合間に入った定食屋でそれを見たのだが、かなりフライングした発言だな、と驚いた。だが、若狭は小池の確約を得ていたようだ。

若狭は政治団体「日本ファーストの会」を設立。「日本ファースト」は、トランプ米大統領の保護主義的なキャッチフレーズ「アメリカファースト」を想起させるとして批判が集まったが、第4章で触れたように、小池はすでに「希望の党」という党名を商標登録までしており、どうでもよかった。

同時に、若狭が主宰する「輝照塾」を17年9月にスタートさせることも発表された。希望の塾も存在しているが、輝照塾の方が候補者になりやすいという情報が出回り、ネットで1000人もの応募があった。面接の最初の質問は、「供託金（選挙区の出馬で300万円）を納めてもらいますが、カネはありますか?」だったという。女性候補者を擁立させたい思惑から、半数が女性となった。

国会議員になって3年足らずの若狭が、政界の中心人物に躍り出た。

若狭は民進党を離党した長島昭久、参院議員で無所属の松沢成文《しげふみ》と三人で新党準備をスタートさせる。

だが小池は、若狭一人で新党を切り盛りできるとは考えていなかった。「二頭立て」で走らせるしかない――。

もう一人は、民進党に離党届を出した細野豪志《ごうし》だった。当選6回、民主党幹事長、原子力担当相など要職を経験。長身、精悍なルックスの46歳。旗印としては申し分ない。ただ難点があった。

人望のなさである。

1回生議員の時から論客として鳴らし、「将来の総理候補」と目された細野だが、〝全国区〟となったのは06年、TBSテレビ「NEWS23」キャスター・山本モナとの不倫を「フライデー」に報じられてからだ。

細野は14年、自民党並みの強固な派閥を目指そうと自派閥「自誓会」を設立。ところが17年8月、たった一人で民進党を離党する。その報告の会合では皆呆れ果て、政調会長・階《しな》猛《たけし》は椅子を蹴飛ばして出て行っている。

その細野は当時、こんな構想を周囲に吹聴していた。派閥の笠浩史《りゅうひろふみ》、後藤祐一といった選挙に強い論客をいずれ離党させると同時に、愛知が選挙区の古川元久、愛知県知事の大村秀章らに「地域新党」を立ち上げてもらい連携する――。

細野の動きを悟った若狭は小池にすがりつく。17年９月１日夜、若狭は銀座のしゃぶしゃぶ店「ざくろ」で小池と会談した。会談の後、小池に「意を一番受けているのは若狭さん」と記者団に語ってもらうことで、我こそが主導権を握っていることを周囲に〝再確認〟させた。

〝解散風〟がくすぶり始めたのは、野党の躓《つまず》きだった。

小池と若狭が会談した９月１日、民進党の代表選が行われた。その代表選に勝利した前原誠司は、「日本死ねブログ」を紹介して待機児童問題で安倍政権に切り込んだ元検事の山尾志桜里を新幹事長に据えようとした。ところがその人事が内定したタイミングで〝文春砲〟が炸裂。９月７日発売の「週刊文春」が、山尾が妻子ある弁護士と不倫していた事実をすっぱ抜いたのだ。

混沌とし始める中、９月11日晩、国道２４６号沿いの老舗料亭「青山浅田」で、小池、細野豪志、若狭勝による会談が開かれた。三人が一堂に会するのは初めてのことだ。呼びかけ人は若狭だ。

会談後、小雨の降りしきる中待ち受ける報道陣の前に、ボルサリーノハットをかぶって現れた小池は、しぶしぶといった体で囲み取材に応じた。

「スピード感をもって、変えるべきところは変えていくことは共通の思いです」

と当たり障りのないことを述べた。続いて出てきた細野も、

「新党まで話は進んでいない」「離党する人はそれぞれ皆さんの判断」

と語り、待ち構えた記者を唖然とさせる。本当に何も決まっていなかったとは――。

そして9月17日、産経新聞が一面で9月28日召集の臨時国会での衆議院解散を報じた。このタイミングでの解散は小池にとって寝耳に水だったようだ。実際小池は「何を目的とするのか、大義がわからない」（18日の囲み取材）ととまどいを吐露している。

総理の安倍晋三は翌18日、召集初日の解散、10月10日公示、22日投開票を決断した。

そこから始まる小池の「希望の党」設立劇は、キャスター、政治家という自身の半生すべての英知を結集した、それは見事な流れだった。とりわけ「リセット」発言をしたたった一人の記者会見は、計算しつくされており、その後の野党の混乱を考えると、政治史に刻まれてもいいだろう。

「リセット」会見

都庁記者クラブに「国政等について」という、小池の記者会見の案内が張り出されたのは、9月25日12時50分ごろのことである。開始時間は午後2時半。記者クラブには1時間前までに会見を通告する「1時間前ルール」があるとはいえ、急転直下だ。

この日午後6時から、総理の安倍が衆議院解散を正式に発表する記者会見がセットされており、そこにぶつけてきたのは明らかだった。

記者たちを拍子抜けさせたのは、これに先立つ午後2時から、上野動物園で生まれたジャイアントパンダの名前の発表会見があることだった。動物園側に花を持たせるため、記者が多く集まるタイミングで開いたのだ。小池は「シャンシャン」の名に決まったと発表し、5分ほど一方的に話して切り上げた。質疑応答は入れ替わりで来た動物園園長らに譲った。

その後、都のシンボルマークと東京五輪のエンブレムが並ぶバックパネル、演台が取り払われ、テーブルが用意された。

椅子が3脚置かれていた。若狭や細野も同席するのか――と色めきだったが、予定時刻の2時半、会場に現れたのは小池百合子一人だった。

「今日は名前の発表が多いんですけれども」

小池は一度ニコッと笑みを浮かべ、躊躇なく、

〈希望の党〉

と、緑の字で書かれたパネルを、カメラに見えやすい位置に取り出した。ここで初めて小池は、新党名を明らかにするのである。続く言葉は、さらに驚かせた。

「これまで若狭さん細野さん始めとする方々が議論を進めて参りましたけど、一度、リセットしまして、私自身が立ち上げる」

会見場を埋める記者からどよめきの声が漏れた。記者席に座ることができず立っていた私も、思わず「おおお」と唸り、鳥肌が立ったのを覚えている。

若狭や細野が、小池の代表就任を知るのは、会見の数時間前だったという。両氏は頻繁に連絡を取り合い、公約のすり合わせや候補者選定を行ってきた。こうして積み上げてきたものを小池はあっさり「リセット」すると言うのだ。

後に若狭は、私のインタビューにこう語った。

「党名が『希望の党』となるのは知っていました。だから7月に発売された私の著書（『参謀力』）のサインにも『希望』と書いた。9月25日というのは党の届け出を出すべく準備を

する日で、26日に届け出るつもりでした。『リセット』で私たちが切られたと思われたようですが、私は違和感がなかった。細野さんと私が共同代表をするとか、小池さんが加わるとか、そうした枠組みをリセットして、一人で代表になるということです」

9月28日、衆議院解散。その瞬間、私は国会議事堂内にいたが、旧知の記者は「これは政権交代ですね」と興奮気味に語り、希望の党に参加予定の若手は「僕も総理補佐官くらいにはなれるかな」と皮算用した。

「女性初の総理」の座は、紛れもなく小池の手の届くところにあった。

「排除」発言

小池が他の政治家にないほど記者を選別することはすでに書いた。

手元の「座席表」をチェックして、週刊誌記者やフリージャーナリストを指名することはめったにない。

だが、衆議院解散翌日、9月29日午後の定例会見は違った。

普段は決して質問できないフリージャーナリストの横田一が、小池に指名されたのだ。

還暦になろうという横田は、重い荷物を持ってどの現場にも顔を出し、こうと決めたら、蛇のようにくらいつく。「ヨコピン」と呼ばれる名物記者である。

小池は横田のことを苦手としており、広報担当者が横田を指名した際、後から小池が「なんであの人を当てたの！」と担当者を叱りつけたエピソードがあるほどだ。

そんな小池が横田を指名したのは、「女性初の総理」を目前にした高揚感ゆえのことだろう。

「前原（誠司、民進党）代表は前日の両院総会で、公認申請すれば排除されないという説明をしたが、知事は安保、改憲で一致しなければ公認しないと言った。前原代表を騙したのか、それとも共謀したのか」

横田ならではの直截《ちょくせつ》な質問だった。民進党は、解散当日、希望の党への合流を決めていた。

小池はこう答えてしまう。

「排除をされないということはございません。排除いたします」

横田は小池を引っかけようとして質問をしたわけではない。

だが小池の強い言葉は、１９９６年の流行語大賞にもなった「排除の論理」を思い起こさせた。鳩山由紀夫、菅直人が民主党を設立する際、元首相・村山富市《とみいち》、元官房長官・武村正義らベテラン幹部の入党を拒否し、世代交代を印象づけた。「排除の論理」は、この一連の手法を指す。今回、民進党の合流にあたっても「拒否リスト」なるものが出回り、そこには野田佳彦、岡田克也ら民主党政権の中枢メンバーが並び、当然、菅直人の名もあった。歴史の皮肉な巡り合わせであった。

この「排除」発言によって希望の党の失速が決定づけられた――。そんな解説がなされるが、もちろんその発言だけが原因とはいえない。

小池は、若狭や細野といった14人の創設メンバーを「チャーターメンバー」と名づけるのだが、民進党の面々からすると、彼らは泥船から逃げた〝裏切り者〟に過ぎない。その両者がまた同じ船に乗ろうというのだから、うまくいくはずがなかった。

そもそも希望の党は、政権交代を狙えるような体をなしていなかった。何しろ「党本部」は、若狭の池袋の事務所である。

カネもない。10月1日、八重洲ビジョンセンターで公認予定者の説明会が行われた。その場で、ポスターに使う小池との2ショット写真の撮影会があったのだが、一人3万円を徴収した。

ある男性は若狭事務所からこう告げられている。

「とりあえず供託金分の600万円振り込んでください。公認できるかどうかは、その後考えます」

男性は６００万円支払ったが、立候補はかなわなかった。

候補者調整に動いたのは若狭と玄葉光一郎だ。民主党選対委員長を務め、当時当選８回を数える玄葉は選挙の要諦をわかっていた。民進党現職候補の調整は玄葉、新人擁立は若狭に委ねられた。そこに細野豪志が絡んできたから、事態はややこしくなる。

「僕らでやってるんだから、勝手なことを言うなと細野に伝えてください」

玄葉が若狭にそんな電話を入れたこともあった。

第一次公認は10月２日に発表されるはずだった。衆院第一議員会館１０１３号室の若狭事務所前には、連日、数十人の記者が地べたに座り待機していた。だが調整が進まず翌３日に延期。当初、午後１時開始といわれたが、12時半頃、事務所のドアが開き、疲れ切った表情の若狭が顔をのぞかせた。

「予想通り１時は無理だよ。僕は事務作業がどのくらいかかるかわかるからさ」

若狭は他人事のように言った。苛立つ記者が「紙だけでも先にもらえないか」と詰め寄っても若狭は呑気だった。

「名前と年齢の名簿はあるよ」

「戸籍名と生年月日は？」

「え？　オレのポスターは『わかさ』とひらがなだよ。そんなこととしてたら今日中に終わらないよ」

記者たちは唖然とした。新聞表記は戸籍名が基本だし、年齢も公示日までに変わる人もいるから生年月日が必要だからだ。若狭は、選挙の手続きについては素人だった。

結局、午後４時に参議院議員会館の会議室で記者会見がセットされた。ひらがな表記の交じる名前と現年齢が並ぶ名簿が記者らに配られた。

会見に小池の姿はない。中央に若狭が座り、細野、玄葉を左右に従えた。その華のなさは、行き先の暗雲を決定づけた。

記者で溢れかえり、会見場に入ることができなかった私の側を、旧知の女性秘書がひきつった顔で通りかかった。その秘書は受付にいた女性スタッフに声をかけた。

「どうしてうちの先生が名簿に載っていないんですか」

この秘書が仕えたのは、民進党時代に行われた選挙区調整によって比例区にまわっていた議員だった。「公認料」としてすでに３００万円を振り込んでいたという。

もちろん受付のスタッフは知る由もない。結局その議員は公認されず、浪人生活を余儀なくされた。
そうした目配りができないほど、希望の党は混乱していた。

小池の国政進出騒動

メディアが注目するのは、小池が国政へ進出するのかの一点だった。

ワイドショーでは共同通信論説委員の柿崎明二《めいじ》が「１００パーセント以上の確率で出馬する」とまで言い切り、騒動を煽った。

小池は苛立ちを隠さなかった。９月28日のフジテレビ「みんなのニュース」で、中継で取材に応じた小池は、アナウンサーの伊藤利尋に出馬の可能性をしつこく問われ、「さっきから言ってるじゃないですか！」と否定し続けた。中継を終えても小池は怒りが収まらず、イヤホンを通してスタジオのやり取りを聞いた上で、マイクに「だから出ないって言ってるでしょ！」と叫んだという。

政界には「理由は貨車で後からついてくる」という言葉がある。

知事就任後、たった1年で国政復帰となると「放り投げ」批判が出てくる。だが、「国政から都政を変える」など言い訳はいくらでもつく。小池ならお手の物だろう。

何より小池の出馬はビッグニュースとなる。すでに傾きかけている希望の党の起死回生の一打は、これしかなかった。

実際、小池の頭になかったわけではなさそうだ。10月1日、若狭がＮＨＫ「日曜討論」で、

「小池さんはおそらく選挙に出ない。（政権奪取は）次の次ぐらいの時」

と話した際、小池は、

「ああいう発言はやめてくださいね。みんな人生をかけて選挙戦を戦おうとしているのですから」

と電話で苦言を呈している。後に若狭は私に、

「ずっと見ていて小池さんが出馬することは１００パーセントないと思っていた。期待をクールダウンさせるつもりで言った。私は特捜部の元検事で、戦略なきことは言わないよ」

と振り返っている。

足元の都議会は台風の目のように静かだった。第三定例会最終日の10月5日、小池が電撃辞任を表明するのではとの警戒もあり、議場を見下ろす傍聴席正面には記者やカメラが鈴なりになった。

「多いね」

小池は隣の席の副知事・安藤立美に話しかけ、自席についた。

議事通り進行し、小池の出馬騒動に幕が下りた。

あるテレビ局政治部キャップは、出馬しなかった原因を小泉純一郎と野田聖子を取り込めなかったためだと指摘する。

「小池が出馬となれば後継の都知事が必要となる。小池と気脈を通じ、16万人におよぶ都職員をグリップできる人物はそういない。小泉と野田に打診したものの断られたといいます。野田は逡巡して、政治の師である古賀誠自民党元幹事長に相談したそうです」

ここで「小池劇場」は事実上、幕を閉じたといえる。

輝照塾からの当選ゼロ

数多《あまた》の選挙に接してきた小池のことだ。厳しい結果は予想できたのだろう。どこか達観しているように見えた。

10月7日、与野党8党首による討論会が、六本木の「ニコファーレ」で開かれた。

私は一番前の席でつぶさにその様子を取材していた。

安倍は落ち着きなく目線が定まらず、カメラが向いていない時は、ぶつぶつと発言する内容を練習しているようだった。

一方の小池は泰然としており、格の違いが際立った。

討論会が終わり、司会者にうながされて党首全員が手をつないで記念撮影をした時のことだ。

「おかしいでしょ。これから戦うのに」

立憲民主党の枝野幸男はそう言ったが小池は、

「まあいいじゃないですか。こんな感じで」

と手をクロスさせて、両隣と手をつないだ。国政への熱が冷めていることを示すような瞬間だった。

ひどく雨に祟《たた》られた衆院選であった。

あげくに投開票日の10月22日、列島を台風が襲う。これは支持基盤のある自民党に有利に働く。安倍晋三は運も味方につけたのだった。

雨に濡れそぼつ小池の姿は「失速」をより印象づけた。

人生には「運の総量」があるといわれる。人間の運は、プラスマイナスで帳消しになるそうだ。この時の小池はまさにそれで、都知事選、都議選で運を使い切ったかのようだった。

希望の党の選挙公約で経済政策を打ち出す際、「ユリノミクス」と命名したが、英語では、尿の成分を識別する生物学用語であることがわかった。

小池が町田市で演説した際、近くの東急ハンズを指しながら「いろんなものが売られていますが、ちょっと足りないのが希望」と訴えた。軽い冗談のはずが、東急ハンズがツイッターで〈お客様の「希望」を叶えたい〉と反撃したことで、小池は総スカンを食らう。

トンカツを食べる様子をツイートすれば２００リツイート止まりだった。前年12月に「いきなりステーキ」でステーキ２００グラムをほおばるツイートが２０００リツイートされたことに気を良くしたからだろうが、国民の小池への関心はすっかり失われていたのだった。

投開票日前日、小池は国際会議出席のためパリへと向かう。予定されていた公務とはいえ〝国外脱出〟の様相であった。小池は羽田空港に黒ずくめの恰好で登場し、記者の囲み取材を受けると、黒のハットを目深にかぶり、文字通り逃げるように出国した。

結果は死屍累々であった。

小池と若狭は、「第二民進党」と言われたくないばかりに、輝照塾塾生など〝小池印〟の候補者を無理やり選挙区に立てた。２３５人擁立して当選者は50人にとどまり、「排除」された枝野が一人で立ち上げた立憲民主党の55議席にも及ばなかった。

定数が４６５と前回より10減となったこともあり、自民党が現有議席を減らすのは確実視されたが、公示前と同数の２８４議席を確保した。

安倍は完全復活を果たしたのだった。

若狭自身も落選し、比例復活もできないほどの惨敗だった。若狭が立ち上げた輝照塾出身者は一人も当選できなかった。

開票日翌日、私は、退去のため書類の散乱した若狭の議員会館事務所を訪ねた。

若狭は疲れも見せず、むしろ晴れやかに取材に応じてくれた。

「小池さんからは携帯の留守番電話に『今回の選挙は残念、悔しいことです。若狭さんのおかげでここまでこられた』とメッセージがありました。選挙は、裁判の有罪無罪と同じで当落がはっきりするじゃないですか。選挙ほどくっきり出るものはないから、僕は性にあっているなと。充実感はあります」

交換した名刺は、携帯番号が入った弁護士事務所のもので、以降、若狭は政治の世界に戻ることなく、コメンテーターとして活躍することとなる。

輝照塾は18年２月、ひっそりと閉塾した。

党ホームページから〝排除〟

10月25日、小池はパリから帰国した。機材トラブルを理由に帰りの便を変えたが、それは同行記者団と一緒の便に乗りたくなかったからだと思われる。

小池はその足で衆議院第一議員会館国際会議場に現れた。希望の党議員による初の両院議員懇談会である。私もこの場にいたが、小池はやつれ、オーラとはこうまでなくなるものかといたたまれなくなるほどだった。

黒い服で登場した小池を、議員たちは拍手で迎えた。

「私の言動によりまして、同志の方にご苦労をかけた。謝りたいと思っている」

その上で「都政に邁進したい。国政は皆さんに委ねたい」と述べた。小池はすでにこの党から離れることを決めていたのだろう。

その後、党の公約前文にある「常に情報を公開し」という文言などなかったかのように、冒頭挨拶の後、マスコミは部屋から追い出された。

円卓に座った議員は、一人一人がマイクを持ち、思いのたけをぶちまけた。批判の矛先は、比例単独候補の選定方法だった。

比例近畿の単独1位が樽床《たるとこ》伸二、2位が小選挙区との重複で元防衛省官僚の井上一徳だった。小池と日本新党時代に同僚だった樽床は、党の選対事務局長を務めていた。井上とは、小池が第1次安倍政権での首相補佐官時代に仕えた間柄だ。〝小池印〟の二人のせいで、惜敗率2位の馬淵澄夫（19年2月に繰り上げ）、3位の北神圭朗《きたがみけいろう》という有為な人材が落選したとあって井上に辞職を求める議員までいた。

会議は休憩なしで3時間を超えた。〝ガス抜き〟の会ということもあり、司会役の樽床は挙手する議員に次々と発言させるため、収拾がつかない。

小池は発言せずひたすらメモを取っていた。それはやがて限界に達し、閉会の挨拶でこう吐き捨てる。

「これが民進党のやり方だったんだと、よくわかりました」

小池の立場は希望の党代表のままだが、国会議員側の代表として「共同代表」選挙が行われた。玉木雄一郎と大串博志という元財務官僚同士の戦いとなり、11月10日、「チャーターメンバー」らに推された玉木が当選。48歳の若き党首が誕生した。

玉木は新代表として、一人で小池に挨拶に行った。場所は都庁の隣の京王プラザホテル。

二人はこの時初めて、携帯番号を交換している。その場で小池はこう話した。

「現実的な政策をする路線は貫いてください」

玉木が振り返る。

「希望の党への合流は、政権に近づくために、民進党の両院総会で機関決定したもので、私は組織人として従ったまでです。小池さんの人気にすがったように見られていますが、逆風の中で勝ち残った人ばかりなので、小池さんへの感謝は正直ないんですよ。国のことは国で、私の責任でやろうと考えていました。人事について具体的なことは言われませんでしたね」

玉木はチャーターメンバーを要職に就けることはしなかった。細野豪志は幹事長に名乗りを上げたが憲法調査会長とし、幹事長に古川元久を据えた。国対委員長は、暫定で務めていたチャーターメンバーの笠浩史ではなく泉健太となった。その理由を玉木は次のように語る。

「私は火中の栗を拾うつもりで代表となりました。言い方は悪いけど〝戦後処理〟です。次の政権を担えるようにするには、野党間で連携して数を増やさないといけない。立憲民主党とは溝があったので、人事でチャーターメンバーを入れると融和が進まないと思ったんです」

小池の失速の影響は足元の選挙にも出始めた。

11月13日の葛飾区議選は、都議選以降、初めて都民ファーストの会公認候補が出馬した選挙だった。都民ファ都議総出で応援に入ったが、小池は動かなかった。都民ファ候補5人中、当選したのは1期務めて4年間浪人していた候補のみ。しかも小池の失速を見て公認を辞退した2人は当選した。「都民ファ公認」がマイナス要因になったのは明らかだった。

良い言い訳ができたのだろう。翌日、小池は党両院議員総会で突然、代表の辞任を表明する。玉木が知らされたのは、その日の朝のことだ。玉木は「共同代表」ではなく「代表」となり、小池は特別顧問となった。

そして11月24日には、小池が前面に出ていた党公式ホームページがリニューアルされた。小池の存在をそっくりなくしたのだ。党幹部は事前に小池に仁義を切ったが、小池の返事は「それがいい」とあっさりしたものだったという。

「希望の党としてリスタートしたかったということですね」（玉木）

一方、小池は都知事としての地位を確立することに舵を切った。

代表の玉木と小池が連絡を取ることはまずない。第8章で述べるが、19年4月の統一地方選、7月の参議院選挙といった大型選挙を含む各選挙で、小池がマイクを持つことはほぼなかった。

小池の発言は新聞のローカル面で紹介される程度となった。都庁担当記者の数は減り、ワイドショーレポーターや週刊誌記者は会見場に姿を見せなくなった。私自身、都庁に出向く機会はめっきり減った。

皮肉にもこれが奏功し、世論調査を手掛けるJX通信社の調査（18年1月）では、小池の支持率は46パーセントとなった。17年10月、衆院選直前の34パーセントから巻き返したのだ。ただし希望の党は存在感をまったく示すことができなくなっていた。衆院選後こそ支持率は5パーセントほどあったものの、胴体着陸せんばかりの低空飛行を続け、18年に入るとついに0パーセントとなったのだ。

新党で政党交付金が入っていないため、党にカネはない。文房具は各事務所からの持ち出しだ。幹部の会合で出る食事は吉野家の牛丼で、しかも味噌汁はつかなかった。

わかりづらいが民進党は参議院に存在したままである。自民一強に対抗するため、立憲民主党、希望の党との連携を目指した。

しかしこれでは元の民進党だ。広告代理店・博報堂の指導の下、ブランドイメージを保ち、支持率10パーセント前後をマークする立憲民主党はその申し出を蹴飛ばした。民進党は、希望の党とだけでも合流しようとするも、チャーターメンバーを始め、保守色の強い議員は猛反発し、なかなか話がまとまらない。

「国民にとってわかりにくい」（「日刊スポーツ」18年1月18日）

小池は自らが引き起こした分裂劇にもかかわらず、他人事のように語るのだった。

民進党の支持母体・連合からのプレッシャーもあり、国の予算成立を待って合併協議に入った。「国民民主党」の名前だけ決め、ゴールデンウィーク後に結成されることとなった。

これに先立つ4月24日夕方、代表の玉木、役員室長の岸本周平が小池と密かに会った。その場で小池との関係を断ち切ることが確認された。「残念ねえ」と言いつつ、小池は最後にこう語ったという。

「日本はこのままだとまずい。日本のためになる政治をしてください」

結局、玉木ら幹部との食事の席は一度もセットされなかった。

小池は「同志」と呼んだはずの議員や候補者にも、電話やメール一本送ることはなかった。

「負けたことは仕方ないが、後始末くらいはしてほしかった。親分には向いていないお方ですね」（落選した吉羽《よしば》美華《みか》）

一応、「希望の党」は残ることとなった。チャーターメンバーの参院議員・松沢成文を代表とし、行田邦子参院議員、中山恭子・成彬夫妻、元防衛省官僚の井上一徳という政党要件ぎりぎりの5人。小池が「第二民進党」と呼ばれたくないがために集めたメンバーである。

松沢は再三、小池に特別顧問として残ってほしい旨を打診したが、

「都政に専念したい。都議会の対応があり、特定政党の役職は好ましくない。でも頑張ってほしい」

とすげなかった。

19年参院選で、改選を控えた行田邦子が埼玉県知事選に出るべく離党。代表の松沢は維新から出馬、中山恭子は出馬しなかった。残ったのは衆院議員2人で「政党」ではなくなり、衆議院会派として名を残すのみである。

「希望の塾」も18年3月を最後に実質終了した。

こうして小池は、商標登録までして育て上げようとした「希望の塾」「希望の党」を、あっさりと捨ててしまうのである。

国民民主党代表となった玉木は今、小池についてこう語る。

「野党を分断したという、自民党からしたら大功労者ですよ。ドライな付き合いではありましたが、我々が別れたのも、都政、国政に専念していきましょうということで、小池さんを排除したわけではない。都の予算案の説明に、わざわざ会いに来られますし、コロナ対応で

は、むしろ希望の党の時より連絡を取る機会が増えているほどです」

思想信条さえ利用する

「排除発言」が、小池のそもそもの冷徹な性格と重なり合い、破壊力を持ったのはたしかだ。だが「女性初の総理」を目前にした時、民進党すべてを抱き込もうと急転換してもよかったはずである。実は小池は、目的のためなら手段を選ばない「マキャベリスト」の政治家ではなかったということになる。

ここで小池の政治思想について分析してみたい。

１９５４年生まれの安倍晋三の思想を論ずる時、全共闘世代（１９４１～49年生まれ）や戦争を経験した世代と違い、自国を礼賛することに抵抗がない点が指摘される。

１９５２年生まれの小池は、安倍の感覚に近い。

小池の母校である関西学院大学は「第五別館闘争」（67年12月）など激しい運動で知られる。だが、小池が入学した頃（71年４月）には完全に下火となっていた。民主党政権時、小池は野党議員として質問に立ち、鳩山由紀夫総理（47年生まれ）、赤松広隆農相（48年生まれ）、仙谷《せんごく》由人《よしと》行政刷新相（46年生まれ）の学生運動との関わりを問い、安全保障政策の迷走と結びつけている（２０１０年１月22日衆議院予算委員会）。

また、立憲民主党を立ち上げた枝野幸男は、左翼過激派「革マル派」が浸透している団体からの献金問題も指摘されていた。

私は、小池がこうした面々とともに行動することにアレルギーがあったのではないかと考えている。

実際、小池は「保守」を標榜した。

国会議員時代、夫婦別姓、外国人参政権に反対の立場を示し、保守系団体「日本会議」の国会議員懇談会の副会長まで務めている。憲法改正にも前のめりで、00年11月30日の衆院憲法調査会で小池は、「一旦現行の憲法を停止する、廃止する、その上で新しいものをつくっていく」ことに「基本的に賛同する」と語った。奇《く》しくも参考人は当時東京都知事の石原慎太郎であった。

小池がしばしば引用するのが、「保守主義の父」とされる政治家、政治哲学者のエドマンド・バークで、「保守するための改革」を唱える。「アヒルの水かき」と定義し、伝統的な日本の心、家族の絆といった〝水面〟から出ている美しい部分を残すため、憲法や行政、教育は変えるべきだと語る。希望の党結党時、「寛容な、改革の精神に燃えた保守」を目指したのは必然だった。

執拗なまでにこだわったのが、在日外国人への対応だった。

私が小池を初めて取材したのは02年、在日朝鮮人のために設立された朝銀信用組合の破綻問題についてだったと記憶している。朝鮮総連の工作資金に使われたとして、公的資金を導入しようとする政府側の対応に反発したのが、当時保守党に属し、３期生議員だった小池だ。この時の保守党幹事長は二階俊博である。

権力者にすり寄る「キャスター上がり議員」程度の扱いだった小池が、この問題を契機に保守系論客の色合いを見せ始める。その流れを借りて02年４月、北朝鮮に強硬的な態度を取る「北朝鮮に拉致された日本人を早期に救出するために行動する議員連盟（拉致議連）」副会長に名を連ねた。

16年に都知事候補となって最初の視察は、前都知事の舛添が韓国人学校に貸与することに決めた都有地だった。その場で、当選した暁には「白紙に戻す」と宣言し、実際にそれを実行している。

18年からは、９月１日の関東大震災の朝鮮人犠牲者追悼式典に追悼文の送付をやめた。追悼文は、追悼式典が始まった１９７４年からすべての都知事が送ってきたものだった。

希望の党結党の際、公認予定者との政策協定書に「外国人参政権に反対」の項目が入っていた。ところが党内からの反発で、公約に載せることを断念している。小池がすぐに党から距離を置いたのは、ここにも原因がありそうである。

一方で、保守層が眉をひそめそうな「ダイバーシティ（多様性）」を小池は知事選から掲げ、都政においても重要な柱にしている。

18年9月、自民党衆院議員・杉田水脈《みお》の「『ＬＧＢＴ』支援の度が過ぎる」と題した論文に端を発した月刊誌「新潮45」の休刊騒動が巻き起こっていた。ＬＧＢＴと呼ばれる性的マイノリティの人たちについて「『生産性』がない」と断じた杉田が、総理の安倍の引きで自民党代議士になったとあって、安倍政権に旧態依然とした思想が通底していると批判された。

それをあざ笑うかのように10月5日、「東京都オリンピック憲章にうたわれる人権尊重の理念の実現を目指す条例」が都議会で可決される。性的マイノリティの差別を禁ずる、いわば「ＬＧＢＴ条例」であった。都道府県では初、国をリードする格好での制定であった。

実は小池は、17年12月から条例案の検討を指示しており、杉田騒動とは関係がないのだが、時代の空気をつかむ着眼点は見事である。

「転向」を厭わないのもまた、小池であった。

小池がかつて反対していた夫婦別姓について、19年6月、夫婦で選択できるよう国に求める請願が、自民党を除く賛成多数によって都議会で採択された。

憲法改正もトーンダウンさせた。17年衆院選では、安倍が主張する憲法9条への「自衛隊の明記」を槍玉にあげ、小池は、政府が合憲としている自衛隊をあえて憲法に記す必要はないと主張した。

ただし小池にしても、若手議員の集団から一つ抜きん出るために、思想信条を「利用」した側面はぬぐえない。

衆院議員時代の小池には、次のようなエピソードもある。

02年9月、総理の小泉純一郎の電撃訪朝によって拉致被害者5人が帰国した。このことで、拉致問題は改めてクローズアップされた。かねてから熱心に取り組んでいた元都議は、小池が初めて拉致問題に関する街頭演説をする直前、こんな相談を受けた。

「この服装で失礼じゃないかしら」

てっきり、演説内容について聞かれると思っていた元都議は、ファッションのことだったため拍子抜けしたことを覚えている。

被害者家族でつくる「家族会」事務局長だった蓮池透はこんな話を暴露している。

小泉の訪朝の際、横田めぐみらの死亡が報告されたことを受け、父の故・横田滋《しげる》ら家族会が記者会見をした時のこと。その時、横田夫妻の真後ろに陣取ったのが、「百合子グリーン」のジャケットを身にまとった小池だった。

会見が終了し、小池は慌てて戻ってきた。蓮池によれば、小池はこう口にしたという。

「あったぁ、バッグ。私のバッグ、拉致されたかと思った」

私もその会見の場にいたが、終わった後はそんな軽口を叩ける雰囲気はなく、もし事実ならその神経を疑う。

ダイバーシティを本当に理解しているのかも疑問符がつく。後に沖縄県知事となる玉城デニーの話だ。13年11月、特定秘密保護法を審議する特別委員会で、質問する玉城の後ろからヤジが飛んだ。

「日本語読めるんですか？　日本語わかるんですか？」

玉城の父はアメリカ兵士で、日本人の母とのハーフである。

玉城は、これほど差別的な発言を投げかけられたのは、後にも先にもなかったという。

声の主は、小池であった。

第7章

権力に憑かれた女

ブラユリコ

小池百合子がショートヘアであるのは、毎朝5分程度でセットできるという理由からだそうだ。

カットはキャスター時代から、銀座にサロンを構える谷口愛子に頼んでいる。２００９年衆院選で自民党が野党に転落した際、小池は政権を奪還するまで髪を伸ばすと宣言。こうしたイベント作りはお手の物だが、さらに「臥《が》薪嘗胆《しんしょうたん》ヘア」と命名し、２０１２年12月、自民党が与党に返り咲くと、力士の断髪式の要領で支援者が次々と鋏《はさみ》を入れるイベントも行っている。最後に髪を整えたのは谷口愛子だった。

都議選イヤーとなる２０１７年の年明け、小池はそのショートヘアをさらに短くしてきた。選挙への気合を漲《みなぎ》らせたわけだが、図らずも1月6日、「臥薪嘗胆」を口にする。

都庁に隣接する京王プラザホテルで開かれた公明党東京都本部の賀詞交換会に招かれた小池は、乾杯の音頭を終えたのを見計らうように登場した。

「乾杯が終わっていてよかった。というのも私、7月まで一滴もお酒を飲まないことにしました。戦いを前に、臥薪嘗胆ということです」

東京都議選を前にしての断酒宣言であった。ワイドショー向けニュースとしては打ってつけで、都議選の盛り上げに一役買った。

　実は小池はさほど酒を飲まないから、断酒宣言など苦ではないはずだ。その日の定例会見でも自らの酒量を「のり弁でお答えさせていただきます」と煙に巻いている。かつて市場移転に関する情報開示文書のほとんどが黒塗りだったことを、あたかも「のり弁」のようだと小池は揶揄したが、それに掛けた答えであった。

「お酒はたしなむ程度で、ビール１杯、ワイン１杯くらいです。かつても酒豪というわけではありませんでしたが、06年３月、環境大臣時代に肺炎で救急車で運ばれ、生死の境をさまよったことがある。事務所は葬式の心配をしたほどです。それ以降、健康に気をつけて酒を控えているようです」（古い知人）

　こうしたアイデア勝負では力を発揮する小池だが、都知事としての権力を行使し、都のカネを使うとなるとどうも空回りする。

　２０１７年５月、小池は都のホームページの動画に、ＰＰＡＰ（ペンパイナッポーアッポーペン）のパフォーマンスで〝世界的アーティスト〟に躍り出たピコ太郎とともに登場した。

「♪I have a 電球　I have a 電球　oh ＬＥＤ電球」

　ヒョウ柄のスカーフを首にかけ、ノリノリで踊る小池。電気料金とCO_2削減のために、白熱電球２個とＬＥＤ電球１個を交換するキャンペーンだ。スタートは都議選後の７月10日だが、そのタイミングでの露出は、選挙を意識したものに違いなかった。動画制作に２０００万円が使われた。

調子に乗るのも結構だが、問題はその効果だ。目標は一年間で１００万個を交換するとして15億円の予算を計上したが、地域活性化を狙って小規模電気店に限定したために浸透せず、やがて大規模店まで拡大。白熱電球を１個にしたり、ＬＥＤ電球を高額なものにしたりするなど迷走し、１年半後の18年12月、74万個の交換で予算を使い切り、終了している。

いったいどこが小池の好む「ワイズスペンディング」なのだろう。

この傾向は、衆院選に敗北した後、顕著になっていく。

18年度予算で小池が２億２０００万円の予算をつけたのが「都立公園の水辺の再生」だ。在来種保護の目的で、都立公園の10の池で池の水を抜く「かいぼり」を実施するというものだ。

環境問題をライフワークとする小池らしい問題だが、わかりやすい伏線があった。18年１月２日、人気番組「池の水ぜんぶ抜く大作戦」（テレビ東京）のスペシャル版が放映されていた。その２日後の仕事始めの日、財務局の各課長が小池に予算原案について説明したのだが、その時小池は突然「かいぼり」の話題を出し、「お宝出てくるかなあ」などと上機嫌だったというのだ。

「小池知事自身が、その番組に出演したいようなのです」（都幹部）

それはあっさり実現した。4月22日放送分に小池は登場。日比谷公園の心字池《しんじいけ》で、ボーダーのシャツに胴長を着て参戦。顔に泥をかぶり、キャーキャーと笑いながら奮闘した。作業をともにした俳優の的場浩司は、

「かわいらしかったね」

と感想を述べた。小池の好感度を上げる目論見は成功したようだ。

さらに小池は、特別秘書の宮地美陽子にこんな指示を出したという。

「ブラユリコってできないかしら」

もちろん「ブラタモリ」（ＮＨＫ）を模している。宮地らは各テレビ局の打診に奔走。単なる出演ならともかく、「コーナー」や「番組」を持つとなると、さすがにテレビ局側も躊躇した。ようやく宮地は企画に漕ぎつける。

「ＭＸならできるそうです」

ＭＸは都も出資する、東京ローカル局だ。

「MXじゃあねえ……」

と、小池は断念したという。

小池は平昌五輪にも食いついた。2018年1月には、出席する理由がないとして視察はしないと明言していた。外遊の費用がかかるので賢明だ。ところが2月23日の会見で、突然、視察に行くと発表したのだ。

「議会の皆様から『是非見てきた方がよい』というお話をいただいた」

実際は、一部の都民ファ議員と雑談していた際に話題にのぼっただけだった。総理の安倍が2月9日の開会式に出席し、北朝鮮高官と言葉を交わすなど、存在感を示した。それに小池は触発されたのだろう。

小池は定例会会期中の間隙を縫ってまで平昌パラリンピックの視察に出かけたが、さして効果があったとはいえない。

電通と若き起業家

小池都政になって目立つのが「広告業界のガリバー」電通への発注である。

2018年2月13日、豊洲市場に美女たちが顔をそろえた。都の主催で、インスタグラムやブログを使った発信で影響力のある「インフルエンサー」を呼び、豊洲の風評被害を払拭しようという企画だ。小池は２０２０年の新型コロナ対策で人気ユーチューバー、ヒカキンとコラボしたように、年齢を感じさせぬ感度を持っている。

これを都は４００万円で電通に発注したのだが、参加者のフォロワー数は最も多くて３万５０００人弱。７００人しかいない人もいた。広告代理店関係者は「フォロワー数が１０００人に満たない人にＰＲ効果は期待できない」と断じるから、本来の「インフルエンサー」ではないということになる。小池とすれば、「インフルエンサー」という今どきのワードを使ってイベントをしたかっただけなのだろう。

電通は新人女性社員を過労自殺させたとして17年7月、労働基準法違反で略式起訴された。それを受けて都は1カ月の入札参加停止としたが、以降も電通は次々と都との契約を勝ち取っている。

同年12月、このインフルエンサーのイベントも含めた〈豊洲市場の風評被害払拭に向けた魅力発信プロジェクト運営業務委託〉を約６０００万円で、18年3月には〈平成30年度戦略的広報体制の充実強化に向けた業務委託〉を約５０００万円で受注している。いずれも一社のみ交渉できる特命随意契約だった。

小池都政以前にも、幾多のイベントＰＲを電通に発注してきたが、〈広報体制の充実〉といった茫洋《ぼうよう》な契約などなかった。事実、あるＰＲ会社幹部は、「電通は東京五輪と深く関わっていることもあり、小池知事への近さは他社を圧倒しています。われわれはそのおこぼれを授かっているという状況です」と私に漏らした。

小池と電通のパイプができたのは、09年、自民党広報本部長時代と見られる。

「当時、電通幹部が小池に呼び出されてホテルの部屋に行ったら、いたのは小池だけということがあったそうだ」（自民党幹部）

小池が頼みとしたのは電通だけではない。

若き起業家にも目をつけていた。ニコニコ動画を配信するドワンゴ創業者の川上量生である。

都が16年9月、芸術文化プログラム「Tokyo Tokyo FESTIVAL」（ＴＴＦ）をスタートさせたことは第３章で触れた。

小池は、その統括プロデューサーに川上を指名する。会場来場者数15万人、ネット閲覧者数５００万人の大イベント「ニコニコ超会議」を目の当たりにしたからである。

だが18年３月、自民党の川松真一朗が予算特別委員会でその人選に物言いをつけた。４億

８０００万円の予算が組まれるこの事業にはドワンゴ関係者が入り込んでいた。川上がこの事業を利用して、自身のビジネスを拡大させているのではと疑ったのだ。

「関係者、関係者とおっしゃいますけれども、どういう意味の関係者なのか、よくご質問の意味がわかりません」

小池がそう声を荒らげたのは、川松の指摘が的を射ていたからだ。

沈黙を守った川上だが、嫌気が差して６月に辞任。ＴＴＦは川上不在のまま継続されることとなるのだが、その後川上は、川松にネット討論を申し入れ、小池に後ろめたさがあったことを告白している。

川上は統括プロデューサーを引き受けるにあたり、そのスタッフにドワンゴ関係者を使いたいと都に申し出た。天才肌の川上の意を汲むのは、初対面の都職員らではとうてい無理だからであろう。だが小池は利益相反になるとして難色を示す。その批判を避けるべく、ＴＴＦ運営調整会議や別の会社から、ドワンゴ関係者に仕事を発注するという体裁を取った。そのスキームを川松に見抜かれていたのだった。

議会での川松の指摘は、ＴＴＦの内情を知る人物が情報提供をしたに違いなかった。

記者会見での記者の選別でもわかるように、小池は公の場で面目を潰《つぶ》されることを極端に嫌う。

川松の〃ネタ元〃は誰か――。小池は疑惑の目を、ＴＴＦを所管する生活文化局長・塩見清仁に向けた。

オールバックで福島訛り、ピンクなど派手なシャツを着る塩見は、オリパラ準備局長として16年10月の小池・バッハＩＯＣ会長会談にも同席したエース官僚だ。「盛り土」の問題では、中央卸売市場管理部長だったために、処分も受けている。小池がメスを入れた豊洲、五輪に顔を出す、つまりは「ブラックボックス」と接点を持ち続けた都庁官僚といえた。

小池は17年8月の人事で、オリパラ準備局長を信頼の篤い潮《うしお》田《だ》勉《つとむ》に替え、塩見を生活文化局長に。そのわずか半年後の18年4月の人事で、塩見を東京都社会福祉事業団理事長に飛ばしたのだった。この事業団は、高田馬場の昭和の香りを残すビルの一室にあり、「2階級降格」と言われた。

都のこれまでの慣例では、本庁の部長まで務めると、出先機関に出すことはなかったが、小池はそれを平然とやってのけた。

塩見が〃ネタ元〃かは不明にせよ、露骨な見せしめ人事であった。

「ハイヒールを履かせた」人事

人事は、フリーハンドの領域だけに権力者の「意思」が表れ、宮仕えの側はそれを否応なく読み取ることに躍起になる。ゆえに権力の源泉だ。

「小池知事は、部長級に至るまで目配りしています。過去の知事はここまでやらなかった」(職員)

小池は知事就任後、「目安箱」を設置した。メールなどで小池に直接声が届くという触れ込みで、「エレベーターが混雑する」といった苦情を寄せる趣旨だが、実態は、上司のパワハラ、誰が自民党都議に内通しているかといった「タレこみ」が入っていた。別名「チクリ箱」である。

「実際は総務局長が目を通し、精査しているようです。タレこみがあると、総務局長が当該部局の幹部を呼び出し、確認することもありました」(都幹部)

さらに数週間に一度の割合で女性管理職と弁当を一緒に食べる「女子会」も開いており、小池は、これはという職員には目をつけ、「小池人事」を次々と実現させていった。

2017年10月の衆院選直前には副知事人事に着手。安藤立美、中西充、山本隆の3副知事を退任させ、会計管理局長の猪熊《いのくま》純《じゅん》子《こ》を抜擢した。

女性副知事は史上二人目だが、これは公明党対策でもあった。猪熊の父は公明党参院議員を2期務めた猪熊重二《じゅうじ》で、公明党都議団とのパイプを期待してのものだ。

18年4月4日、都庁7階中会議室で、小池は女性幹部だけを集めた訓示式を開いた。

「皆さんはハイヒールを履いているが、ゲタを履かせた覚えはない」

新年度の人事異動で、局長級女性職員を4人から9人に、部長級を3人増の45人としたのだ。計54人の女性幹部は、都政史上最高だと小池は胸を張った。

6月の定例会ではさらなる副知事人事に着手。唯一、舛添都政からの副知事で残っていた川澄《かわすみ》俊文《としふみ》をエース部局の総務局長・多羅尾光睦に替えた。川澄は自民党から完全に距離を置き、小池への〝忖度答弁〟を連発して忠誠を誓ってきたが、小池はかつての幹部を一掃したのだった。

自民党との距離を小池が詰めていく経緯については次章で詳しく見ていくが、それを人事でも示してみせた。

19年4月の人事で、「2階級降格」の塩見をわずか1年で本庁に戻したのだ。しかも主税局長だ。エースポジションとされる政策企画局、総務局、財務局の「官房三局」ではないものの、枢要な局には違いなかった。

自民党都議は「塩見を早く戻して副知事にしてほしい」と不満を漏らしており、それを受けた格好だ。

「小池知事は塩見氏と3月7日に面談して〝手打ち〟をしたようです。お灸をすえられた塩見氏は知事への忠誠を誓うことになる。自民党の意を汲むこともでき、見事な人事といえます」(都政関係者)

私は左遷中の塩見に、小池への不満を吐露してもらうべく直撃取材を試みたが、拒否されている。これぞ役人の道であろう。

小池が「ハイヒールを履かせた」ことに気づいたのは副知事の猪熊純子であった。

「副知事は都職員の誰もが納得する人間がなるべきポジションですが、彼女は明らかに実力不足でした。期待された公明党対策もさっぱりで、担当の五輪もうまく回せていなかった」(都幹部)

19年6月、事実上の更迭となった猪熊の後任には政策企画局長・梶原洋を起用。梶原は福祉保健局長として受動喫煙防止条例を仕切った政策通で、小池は買っていた。誰もが異論のない人事であった。

Ｖゼロ

一方で、改元にともなう10連休前の２０１９年４月24日、都庁内を震撼させる人事が報じられた。

野田数の辞任に伴って空席となった特別秘書に、元副知事で東京信用保証協会理事長に天下っていた村山寛《かん》司《じ》を起用するというのだ。68歳。小池より２歳年上、最も入庁年次の古い副知事・多羅尾光睦の６年先輩である。

財政畑という中枢を歩んだ村山は、首都大学東京への出向で外に出された時期もあるが、２００７年、副知事への登竜門とされる財務局長に就任。内田茂が都連幹事長として隆盛を極めていた時期だ。

村山は部下を徹底して鍛え上げることで知られ、今や〝村山門下生〟が都の中枢を支えている。

「〝千本ノック〟はすさまじかった。答弁書を書いて見てもらう時、村山さんは最初、赤ペンすら持ってくれず、突き返される。何度も練り直して持っていくと、やがてペンを持ってくれる。〝都庁文学〟を徹底的に染み込ませるのです」（当時の部下）

議会第一党の民主党を寝返らせて成立させた11年３月の築地市場移転関連予算案で、議会工作を落選中の内田が行ったことはすでに述べた。内田・高島直樹ら自民党のカウンターパートに佐藤広副知事と村山がなり、ともに汗をかいた。その功績が称えられ、順当に副知事に上り詰める。

ところが、副知事の任期が４年にもかかわらず、村山は２年で退任させられる。あまりに自民党との距離が近かったためだ。知事の石原が、内田を警戒していた証左でもあった。

その後悠々自適の天下り人生を送っていた中、都知事の側近中の側近として呼び戻された。現役職員からの信頼が厚く、しかも未だ影響力の衰えない内田茂にも通じている。そんな〝超重量級〟の起用を、小池一人で思いついたわけではないだろう。

「元副知事でその後、公明党参院議員として総務庁長官まで務めた続《つづき》訓弘《くにひろ》さんの紹介と見られています。続さんと小池知事は、参院初当選同期で付き合いがあったようです。つまり自民党だけでなく、公明党への配慮も滲《にじ》ませた絶妙な人事といえます」（都幹部）

小池は村山を三顧の礼で迎え、年収約１４００万円の特別秘書の報酬を約１８００万円とし、さらに議会改革で廃止された公用車もつけることとした。

「ブラックボックス」「おっさん政治」と都議会自民党をさんざんこき下ろしてきた小池だけに、この人事は批判を浴びた。しかし小池は、

「温故知新と言いましょうか……」（4月26日会見）

と開きなおるのだった。

その日に開かれた都議会臨時会で、村山は小池の会派挨拶周りに随行している。就任は5月下旬予定。かなり先とあって、村山はメディアの取材を「まだ理事長職にあるので」と断っているから、フライングにも程があった。ところが小池は議員らに嬉々として「次の特別秘書です」と紹介したのだ。

その笑みは、議会を掌握し、二選目への手ごたえから出たものに違いなかった。事実、村山は黒子に徹するそぶりを見せながら、都幹部や議会ににらみを利かせ続ける。副知事は職務代理の序列順にＶ１、Ｖ２と呼ばれるが、村山は「Ｖ０」と称されるほどだ。村山―長谷川副知事―武市財務局長―佐藤章知事補佐担当部長という財務局のラインを主軸に置き、小池は盤石な体制を築き上げた。

人事の総仕上げはヤフー元会長・宮坂学の民間副知事の登用であった。

小池は、政治家以外で就いてみたい職業を「ベンチャー起業家」と答えるほど、新しいモノ好きだ。前述のインフルエンサー起用もそうだし、知事就任後、ペーパーレス化に着手し、タブレット端末を手放さない。

宮坂は1997年、創業2年目のヤフージャパンに就職。親会社のソフトバンク社長・孫正義に見出され、12年、44歳で社長に抜擢される。「爆速経営」を掲げ、パソコンからスマートフォンへの転換を図った。18年、右腕の川邊健太郎に後を託し、自らは会長に退いていた。

そんな「ネット時代の叩き上げ経営者」の宮坂に、小池はかねてから目をつけていたようだ。宮坂が19年6月に会長を退任するのを待つようにして、都参与に引き入れている。

「5Gやりたいのだけど、都庁まとめて」

宮坂は参与就任の日、知事室で小池にそう言われたという（「週刊新潮」19年12月26日号。宮坂のインタビュー記事）。9月5日、小池は宮坂を副知事に任命する同意案を議会に提出した。

「知事はやたらと専門家会議を作ることからもわかるように、とにかく民間人の知恵を借りたがる。その完成形が民間副知事の登用です。ただ議会の同意人事のため、人選には慎重になっていた。宮坂氏ならマネジメント経験は言わずもがなで、自民党も反対しづらい。参与起用の段階から、副知事含みであることは都幹部に根回ししていました」（都幹部）

議会では自民党も含む賛成多数で同意。民間人副知事は、石原都政での作家・猪瀬直樹以来12年ぶりであった。

任命式で小池は他の副知事らを従えた席で、こう激励して場を沸かせた。

「どうか新しい風を吹き荒らしていただきたい」

〝爆速〟はコロナ禍で存分に発揮された。

小池は広報対策強化を掲げ、宮坂を担当に指名。宮坂は「新型コロナウイルス感染症対策サイト」の立ち上げを指揮し、陽性患者数や検査実施人数などが一目でわかるグラフは評判を呼んだ。反響は大きく、世界的な天才プログラマーとして知られる台湾のオードリー・タンＩＴ担当相からサイト修正提案が届いたほどだった（月刊「文藝春秋」20年６月号）。

グリーンアノール

こうした「小池人事」で職員の人心掌握ができているのかといえば、必ずしもそうではない。

メディアの世論調査では高支持率をマークする一方、足元の職員への興味深い調査がある。

知事就任１年がたった頃、都政専門紙「都政新報」が職員へのアンケートを取った。

同紙が「１年目の点数」を職員に１００点満点でつけてもらったところ、平均46・６点という半分にも満たない結果となった。

たしかに有効回答数が２４５人に過ぎず、16万人の職員数のほんの一部でしかないが、石原の１期目前半が71・１点、舛添の１期目前半が63・６点と考えると、きわめて低い。

さらに任期を通じても、職員の人望を得られていないことが、２０２０年１月の同紙の調査でわかった。

知事１期目の評価を聞いた点数は、46・４点。１年目の調査よりも、０・２点下がってしまったのだ。この数字は、同紙の調査で史上最低だという。

「都政が安定したと思うか」の問いには89・２パーセントが「思わない」、「論戦が活発になったか」にも74・９パーセントが「思わない」という何とも悲惨な結果だ。

小池は就任直後から「ワークライフバランス」ならぬ「ライフワークバランス」を唱え、全職員の「20時退庁」に着手した。午後８時に退庁を促す放送を流し、その後、庁舎は一斉に消灯される。再び照明をつける場合は、事前申請をするというものだ。

やがてそれは現実にそぐわなくなり、一斉消灯はなくなった。

「予算編成の時期は終電での帰宅が当たり前です。また都議会は午後１時にスタートし、委員会は午後８時を過ぎることはざらです。関係部局は残っていなくてはならないので、議会の時間を変えてもらわないことには午後8時に退庁するなど不可能。知事だって平気で深夜にも土日にも携帯電話に連絡してきますしね」（幹部）

私が都庁に取材依頼を送った際、その回答書が深夜11時過ぎに戻ってきて、大変恐縮したこともある。

職員にしてみれば、外面のいい改革を唱えるだけの小池に辟易しているということだろう。皮肉屋で学のある職員は、小池を「グリーンアノール」と呼んだ。別名アメリカカメレオンで、日本生態学会は「日本の侵略的外来種ワースト１００」に選定している。小池は自らを「自民党の外来種」とうそぶいたこともあるから、その呼び名はいい線を行っている。

身内びいき

小池は政治家や都庁幹部を使い捨てのように扱ってきたが、打って変わって、自分に利があったり、秘書といった身内だったりには徹底して世話を焼いた。

典型は特別秘書の野田数に対してで、水面下で再就職の根回しをしたことはすでに述べた。〝口封じ〟の側面が大きいとはいえ、身を粉にして尽くしてくれたことへの情もあるだろう。

「小池さんにとって重要な人物の五本の指に入る」（古い知人）という女性が、保育所や介護サービスなどを手掛ける「ポピンズ」創業者・中村紀子である。中村はテレビ朝日アナウンサーを経て、「女性経営者の会」を発足させ、その活動の中でキャスター時代の小池と知り合っている。

豊洲・五輪で耳目を惹いた小池だが、本腰を入れたのが待機児童問題だ。

これは知事選の目玉公約ではなかった。「東京大改革」をうたい、「都政の透明化」など５本の柱を掲げたもののそこにはなく、派生した項目の一つに過ぎない。

小池は都知事に就任するや、この問題を「喫緊の課題」と態度を急変させ、１２６億円の大型の補正予算を組んだ。

たしかに成果は出た。２０２０年４月時点で待機児童数は約２３００人（速報値）。小池は20年６月５日の定例会見で、知事就任後の17年４月時点で８５８６人から「３年間で６２００人減少」とわざわざグラフを示して、胸を張った。予算額は年々増やしており、17年度１３８１億円、18年度１５７７億円、19年度１７４５億円、20年度２１４５億円である。

ただしこれは、中村のビジネスに直結していることも指摘しておく必要がある。

希望の塾が、託児所を設ける際、ポピンズがその運営を委託されることが決まった。

〈何らかの形でお手伝いできないかと考えていたところ、光栄にもポピンズが「きぼうのほいくじょ」運営を拝命致しました〉というプレスリリースを出したのは現社長で、中村の娘・轟《とどろき》麻衣子《まいこ》である。

さらに同社は外国人による家事支援人材の東京都の認定第1号となっている。

後に詳述する知事の権限で予算案を増減させる「知事査定」からは小池の思惑が見て取れる。18年度予算でベビーシッター支援事業は、都財務局が6・4億円と査定していたところ、小池は一気に50・2億円へと大幅に拡充しているのだ。

これは都が認定した業者に補助を出し、安い価格でベビーシッターを利用できるという制度。15業者が認定されており、もちろんポピンズもその一つだ。

ところが蓋を開ければ利用者は少なく、18年度決算はわずか4100万円。執行率0・8パーセントという低さだった。お手盛りの予算といわれても仕方あるまい（19年度予算は22億円、20年度は8億円と減らしながらも継続している）。

17年衆院選での希望の党設立にあたっても、小池は〝身内〟を重宝した。

すでに触れた若狭勝、細野豪志という二人の国会議員以外に、二人の元ジャーナリストを動かしている。第1次安倍政権の内幕を描いた『官邸崩壊』（新潮社）のベストセラーがある上杉隆と、元産経新聞社員のO。Oはすでに触れたように、特別秘書・宮地美陽子の夫だ。

上杉はニューヨーク・タイムズ東京支局記者時代、東京都政を取材した、『石原慎太郎「5人の参謀」』（小学館文庫）という著書がある。鳩山邦夫の秘書を務めたこともあり、小池が出馬した都知事選には当人も出馬し、4位につけている。

上杉は民進党幹部に接触を図った。ある国会議員が小池と直接話をしたいと言えば、上杉が小池に電話し、その場で代わって話してもらうこともあった。国政と距離を置いた野田数に代わり、紛れもなく小池の肉声を知る一人だった。

私はそんな最中、取材現場で顔を合わせた上杉に「いろいろ動いているらしいじゃないですか」と話を振ったが、

「全く動いてないよ」

ととぼけられた。上杉は一部のメディアに情報提供する一方、自身の名前を出さないよう釘を刺し、黒子に徹した。

もう一人のOは、衆議院議員時代の小池の事務所に政治部記者として頻繁に出入りした。小池が都知事となった翌17年初め、産経新聞社を退職している。

Oは主に維新との選挙協力の交渉役となった。

「全権委任されていたので交渉はしやすかった。素性はようわからんかったけど」（維新幹

事長の馬場伸幸）

17年9月26日深夜に帝国ホテルで行われた小池、民進党代表・前原誠司、連合会長・神津《こうづ》里季生《りきお》の極秘会談に、上杉、Oの両名が同席している。神津は自らの著書で、なぜ議員でもない二人が同席しているのかいぶかしみ、党の失速を予見している（『神津式　労働問題のレッスン』毎日新聞出版）。

上杉はその後、中央区長選に出馬したり（落選）、「ＮＨＫから国民を守る党」幹事長となったりと、政治色を強めていく。

一方、無職となったOに対し、小池は面倒見の良さを見せた。衆院選後、Oを希望の党事務総長、つまり事務方トップに押し込んだのだ。

「ポジションだけならともかく、月１００万円という給与を要求してきたのです。しかも小池さんと話がついているということでした。妻が都の局長並みの高級取りだったことも考慮した額でしょう。小池さんの党ですから、丸呑みするしかなかった」（希望の党幹部）

さらにOは、優秀なスタッフを民進党から引き抜こうとした。

「あのOって何者？　エラそうに党職員よこせって言ってくるけどさ」

ある民進党議員は、Oに対して不快感を示している。

しかし希望の党が崩壊に向かうにつれ、Oは党本部に顔を出さなくなり、やがて永田町を去っていった（Oに取材を申し込むと、「公的、政治的な仕事をしているわけでなく、取材は許諾しかねる」旨の回答があった）。

この党には、小池事務所の若い女性秘書も投入された。これまで小池のポケットマネーで雇っていたのを、体よく、党のカネで賄えるようになったわけだ。だが党消滅とともに、去っていった。

「若くて優秀で、玉木代表も国民民主党にほしいと言ったほどですが、給料が下がるため、折り合いがつかなかったようです。ただ、永田町で働きたかったようで、各方面に再就職の相談をしていました」（希望の党関係者）

小池はこうした身内にはすぐに手を差し伸べるのだ。ある日、小池事務所の関係者が集まる会があった。

「あなたどうしてるの？」

顔を出した小池は、女性秘書が就職先に困っていることを知る。すぐさま小池は希望の党に残った衆院議員・井上一徳に連絡を取り、彼女を秘書に押し込んだという（その後、小池の秘書に舞い戻っている）。

小池が、希望の党から身を引いたのは、国会議員という大の〝大人〟たちが、自らの生き残りのために群がってきたことに嫌気が差したからだろう。無論、都民ファも同じだが、39人の新人都議は、小池にしてみれば我が子のようなものだ。

とりわけ、代表に就いた元秘書の荒木千陽は、過去に小池と同居しただけでなく、代表になってからも小池の自宅に泊まりに行くほどである。小池には愛おしくて仕方ない存在だろう。

小池は都民ファの飲み会には積極的に顔を出し、カラオケにも参加する。男性議員とチークダンスを踊ってまで溶けこもうとした。

冷めたわかめスープ

その都民ファの面々は、小池の叫ぶ「東京大改革」に共鳴して議員バッジをつけたわけだが、その良い意味での青臭さは消えるのも早かった。

都民ファは都議選で、１００日以内に実現する公約を掲げた。議員公用車の廃止、政務活動費による飲食禁止、議会改革条例の制定、の３本で、「都議会の悪しき慣習を一掃」と威勢はよかった。

都議会に「議会改革検討委員会」が設置された。メンバーは都民ファ5、公明2、自民2、共産2、民進1である。委員長を決めた初回の17年8月こそ公開されたものの、その後2カ月以上非公開となり、速記録も残されていない。つまりは「水面下での根回し」に費やされた。

そして、都議選後100日が経っても、何一つ改革を実現できなかった。

17年10月、第2回の検討委でようやく、政務活動費による飲食の原則禁止と、常任委員会のネット中継実現が決まった。残るは「議員公用車の廃止」だ。

都議会には22台の公用車があった。神奈川県議会は5、愛知県議会は7、かつて24台もあった大阪府議会は1999年度に議長、副議長の2台のみとした。東京都が突出しているのだ。ここは一気にゼロにしてもよいくらいである。

だが12月7日に決まった「改革」は、9台に減らすという何ともおざなりなものだった。自民党が頑強に反対したためで、それを押し切れなかったのだ。

ある新人都議は私にこう不満を漏らした。

「全会一致の原則を押し通されたんですよ。恒久的な議会のあり方をその時の多数派が決めてよいのか、という理由ですが、そんなことではいつまで経っても改革なんてできませんよ」

「都議会の悪しき慣習」に、都民ファがからめとられたことに他ならなかった。

ここに国政選挙での小池の大失速が重なり、新人たちは自分たちの方向性を見失いつつあった。

それは選挙という結果にも出た。17年末、翌年6月の中野区長選に向け、候補者の公募を行った。中野は代表の荒木の選挙区である。応募者数はゼロだったあげく、公募を聞かされていなかった公明にヘソを曲げられてしまう。都民ファは候補を立てられず、立憲など野党系が推した新人・酒井直人が、5選目を目指す田中大輔（自民、公明の各支部が推薦）を破った。

最も思い悩んだ都民ファ新人の一人が、後に離党し新会派「東京みらい」代表となる奥澤高広だ。慶應義塾大学野球部ヘッドコーチを務め、西村康稔（現経済再生担当、新型コロナ対策担当相）に5年間秘書としてしごかれた経歴を持つ。

党内の不満を察知した小池は、自宅の「エコだハウス」に頻繁に新人を招くようになったという。

「私も5、6人の新人と一緒に自宅にうかがいました。リビングに招かれて、中華料理屋か

ら出前を取って、ワインやシャンパンなどお酒を交えつつ話をしました。もちろん会費は支払いました」（奥澤）

奥澤は、代表選の実施や綱領の見直しといった30項目にわたる改革案を手渡している。

「『議論なく質問を制されることがある』『党内や職員へのパワハラがある』『選挙の総括が行われない』など、組織として成り立っていないと訴えました。小池知事は『そうよね～』ときちんと聞いてはいただけます。そして『具体的な解決案を持ってきて』とおっしゃる。ただ、数回にわたりお話しする機会をいただきましたが、残念ながら、党内で何か変わることはありませんでした」

それも仕方のないことだった。なぜなら小池から即座に代表の荒木に伝わるからだ。そして、荒木ら執行部は〝反乱分子〟と目される新人都議に役職をあてがい、取り込みにかかるのだ。

18年7月、都議になって1年を迎えるにあたり、小池は公約のチェックをするよう指示を出した。

荒木ら幹部が7月23日、都民ファ本部で記者発表を行った。公約に掲げた３７７項目すべてについて「実現」「一部実現」「調査中」など進捗状況を示し、ネット上で詳細に公表した。

「実現」は、「議会棟での禁煙実施」など46項目、12パーセントにとどまった。ここまで丁寧な点検は、全国の議会を見回してもかつてない試みではあった。

だが、その記者会見は、何とも心許ないものだった。

記者から、「都民ファーストとして知事をチェックできたのか」と質問が飛んだ。都民ファが知事のイエスマンになるとの懸念は当然ながらあり、私も荒木が出馬する際のインタビューで聞いている。荒木は「長年秘書を務めて信頼関係がある。だからこそ意見を申し上げることができる」と胸を張ったものだ。

荒木は不意を突かれたようで、

「そうですね……チェック……チェック……」

と言葉を詰まらせたのだった。事実、都民ファは都議会での質疑で、小池を礼賛こそすれ、批判することは皆無に等しい。

とはいえ、この手の質問は想定の範囲内であり、普通の政治家であれば容易にもっともらしい回答ができる。荒木はその術も持ち合わせていないのだった。

奥澤らの不満のマグマは18年9月の品川区長選を機に噴き出した。

都民ファ推薦の佐藤裕彦《ひろひこ》は敗北するが、選挙後、品川区選出の新人都議・森澤恭子がブログ（10月1日）で、〈新ルート撤回をメインの公約に掲げる候補を推薦し、応援することは、私たちが都議選で公約したことや議会でとってきたスタンスと矛盾すると考え〉、応援しなかったことを明らかにしたのだ。

公然と批判の声が上がるのは、第6章で触れた音喜多駿と上田令子の会派離脱以来の激震だった。

離党者でも出れば、小池のイメージダウンにつながる。焦る小池は、執行部を個別に知事室に呼び、ランチをしながら情報収集をした。自民党都議と立ち話をしている都民ファ都議が目撃されると、すぐさま小池に通報され、小池からその都議に「ご機嫌うかがい」の電話が行くこともあったという。特別秘書の宮地は、離党が噂される議員に連絡を入れ「何かあったら知事に伝えるから」と、離党させないよう必死に説得した。

19年1月5日朝5時すぎ、小池は厳寒の中、開場したばかりの豊洲市場の初競りにいた。カランコロンカランコロンという鐘の音が響き、一番マグロの競りが始まった。小池は、マスコミも含めた百人以上の関係者の中心にいて、都職員用の紺のダウンブルゾンを着ているが、ベージュのストールを巻くおしゃれは忘れていなかった。

数分後、どよめきが起こる。青森県・大間港の２７８キロのマグロに、３億３３６０万円の値がついたのだ。競り落としたのは寿司チェーン「すしざんまい」の運営会社であった。記録が残る１９９９年以降の最高値どころか、これまでの最高１億５０００万円を２倍以上更新した。

〈コイツぁ春から縁起がいいやぁ!!!〉

小池はツイッターでそうつぶやき、幸先良く新年を迎えたはずだったが――。

そんなお屠蘇《とそ》気分は、都民ファ３議員の離党によって吹っ飛ぶこととなる。３議員とは奥澤高広、森澤恭子、レゲエ歌手として注目された斎藤礼《れ》伊《い》奈《な》である。

奥澤たちは、１月７日の仕事始めの日に、知事や都民ファ執行部に離党を伝えた上で公表するつもりだった。ところがＮＨＫが昼12時15分からのニュースでスクープすることが判明し、それどころではなくなってしまう。

記者会見は急遽午後２時から行われた。小池へのアポイントが取れたのは午後５時半。京王プラザホテルのレストランの個室だった。

斎藤は地元の行事があるという理由で出席せず、奥澤、森澤が小池と対峙した。同席した特別秘書の宮地は、自身の責任を痛感したのか憔悴し切っていた。

夕食の時間帯で焼き肉が売りの店とはいえ、注文する雰囲気などもちろんない。テーブルに置かれたのは四つのわかめスープである。

「ありえませんねぇ……」

小池は低くそう口にし、二人をにらみつけた。

「事前に何も知らせないなんて。私もこんなことされた経験ないわよ」

その威圧感から、森澤は「申し訳ありません」としか言葉にできず、ただうつむくしかなかった。奥澤も「申し訳ありません」と頭を下げつつ、党運営への不満を口にし「決して反小池ではない。それは行動で示していきます」と伝えた。

小池は声を荒らげこそしなかったが、怒りの沸点に達していることは二人に伝わった。次の予定があるとのことで、30分ほどで小池は去り、二人はひたすら頭を下げてそれを見送った。わかめスープはテーブルの隅に置かれたままで、冷め切っていた。

三人に続く離党予備軍はさらに数人いるはずだった。だが小池の引き締めもあってか、〝離党ドミノ〟はなかった。結果として、むしろ都民ファの結束をうながすことになるのである。

〝公明党のドン〟を直撃

〝政界渡り鳥〟と呼ばれた小池が、「こんなことされた経験ないわよ」と感情を顕《あらわ》にしたのは、奥澤らに対し〝母親〟のような心境を持っていたからかもしれない。ゼロから政治家の集団を立ち上げたことのない小池にしてみれば、その仕打ちはたしかに初めてのことだった。一方、同じ都民ファ都議の離党でも、小池が音喜多駿に対しては完全に無視を貫いたのは、単に政治家として利害が一致しただけの関係だからだろう。

小池にとって、そんな「利害の一致」の最たる相手が公明党であった。

２０１６年、２９０万もの民意をバックにして当選した小池だが、議会を通さないことには物事は進まない。何しろ自民党は定数１２７のうち半数近い59議席を占めていた。公明23議席と組まれてはひとたまりもなかった。

自民党とともに増田寛也を支援した公明党の変わり身はあまりに早かった。何しろ小池の初登庁の日、公明党は玄関での出迎えこそ控えたものの、都議会控室では幹事長の長橋桂一ら幹部総出で小池を招き入れ、茶を出して会談している。自民党が、ナンバー３の総務会長がわずか30秒だけ対応したのとは、ずいぶんな違いだ。

「どんどん政策提言をしてほしい」

小池は公明党を抱き込む姿勢を見せた。それは小池が、公明党の政治行動を熟知していたからに他ならない。

1999年、小渕恵三内閣で始まった国政での自公連立政権だが、都議会はさらに20年さかのぼる。美濃部亮吉革新都政から鈴木俊一に変わった79年、自公は連立与党を形成している。

公明党員はしばしば都議会公明党を「公明党の歴史そのもの」「公明党の原点」などと称える。公明党が結党されたのは1964年で、翌年の都議選で候補者23人全員が当選したからだ。しかも93年以降の都議選すべてで候補者全員が当選するという、驚異的な地盤を築いている。

当然ながら翌年に控える都議選でも、一人たりとも落とすわけにはいかない——。

2016年9月の日曜日の夕方、私は西武線下落合駅から15分ほどにある一軒の家のインターホンを押した。公明党代表・山口那津男のポスターが貼られていなければ「公明党のドン」の自宅とは思えないほど質素な佇まいである。小池都政についてどう思うか、是非聞きたいと思い、アポイントも取らずに訪問したのだった。

ほどなくランニング姿の老人が、格子戸を開けて顔をのぞかせた。

老人の名は藤井富雄、当時92歳。池田大作側近として創価学会黎明期を支え、05年まで公明党都議を11期務めた。自民党の野中広務とともに自公連立政権を作り「公明党のドン」と呼ばれ、かつて「都議会のドン」といえば藤井のことを指した。

白髪をなでつけ、肌はつやつやとしている。ただずいぶんと耳が遠いようで、私は藤井の耳元で大声を張り上げなければならなかった。

――小池知事のことをどう思われますか？

「特にあーだこーだはないんだね。（私は）現職じゃないから、あんまり口出ししない」

――小池知事とお話は？

「前に内田（茂）さんとは一回会ってると思うんだね。たしか内田さんと私とね。他に都の何人かと一緒に会って話をしたことはある」

――藤井先生と内田さんと小池さんと、ですか⁉

「メシを食いながら。京プラ（新宿の京王プラザホテル）かどっかでね。自民党は内田さんだけ。公明党は（都議会の）幹事長」

内田と小池が会ったとは信じがたく、私は何度も確認したが、間違いないという。小池サイドはこの事実を否定したが、公明党が小池とうまくやろうとしていることは理解できた。
公明党は小池に抱き着く口実を作るべく、タイミングをうかがっていた。支持母体の創価学会婦人部の小池人気がすさまじかったからだ。

その時はやってきた。

知事就任後初の16年9月からの定例会で知事報酬半減が実現したために、議員の報酬が知事を上回る逆転現象が起きていた。当然、議員報酬の削減が求められたが、自らの収入を自らが決めるので、議員たちの腰は重い。小池の狙い通りだ。

地方議会トップという月額60万円の政務活動費なども含めて検討する、都議会主要会派による「都議会のあり方検討会」が始まった。その議論がスタートした矢先、「議員報酬２割削減案」を11月16日、ＮＨＫが特報したのだ。

これは公明が主導していた案で、意図的なリークと見られた。見直しに慎重だった自民は激怒し、自公の関係にひびが入る。些細なことだが、公明にとってはきっかけがありさえすればよかった。

「自公という連立で一貫してやってきたが、完全に崩れたと思っていただいて結構です」

9月に公明新幹事長となった東村《ひがしむら》邦浩《くにひろ》は、記者団に声を震わせながら語った。自公決裂を宣言したのだ。

小池もそれに応えた。

17年度予算案に向けての小池による各会派へのヒアリングで、公明党が最も訴えたのが私立高校の授業料を実質無償にする奨学金の拡充だった。「教育の無償化」は、公明党が結党以来、訴え続けているテーマだ。私学振興は自民党の牙城で、そこに踏み入れることにもなる。

小池にとって初の予算編成で、都財務部局に「メリハリを大切にする。メリーちゃん、ハリーくんね」と冗談めかして語りかけると、次のブリーフィングでは、財務局の若手職員が羊のメリーちゃん、ハリネズミのハリーくんというキャラクターを作ってきたという。

17年1月25日に発表された当初予算案では、年収７６０万円未満世帯の私立高校生に対し、「実質無償」とした。前年度比２・７倍（１３８億円）という予算案の目玉となった。

3月10日、公明はまたもスクープにより自民党を激怒させる。読売新聞夕刊が、都民ファと公明党が都議選で選挙協力を行うことを報じたのだ。

37年に及ぶ都議会での自公の蜜月は、完全に瓦解した。

運が悪いことに、自民党幹事長・二階俊博と公明党幹事長・井上義久が、自民党本部隣のうなぎ屋「伊豆榮」で昼食を取りながら会合を行う日であった。二階は、報道されると知った後に、井上から切り出されるという屈辱を味わった。井上は「国政とは別ですから」と精一杯とりなすしかなかった。

公明は都議選に向けてなりふり構わず突き進む。自民党東京都連とは決裂しながらも、東京以外の自民党道府県連に対し、東京在住者の支持者の名簿を出すよう要請したのだ。支持拡大のため、電話作戦や戸別訪問に使うのである。自民党からすれば、どのツラ下げて、という話ではあるが、近県選出議員の自民党政策秘書は悪びれもせず語る。

「きっちりしたものを出したよ。自民の都議を応援したってメリットはないが、公明は票をくれるからね。しかも公明の名簿管理は徹底している。自民は候補者が代替わりすれば途絶えるが、公明は後世までしっかり管理するんだ」

42選挙区のうち、公明は23人の候補者を立てた。都民ファと競合する選挙区もあるが、19選挙区で都民ファを応援することとなった。

ただし両党の候補者がいる選挙区でも、公明の候補者は、自身のイメージカラーを封印し、ポスターを緑色にした。二連ポスターの相手は、代表の山口でなく小池である。どちらが〃小池印〃かわからない。一議席も落とせないゆえの、なりふり構わぬ選挙であった。

小池が都議選に向けた街頭演説を開始したのは5月４日である。初日にまわった４カ所すべてが公明党候補者という気の遣いようだ。

公明党代表の山口那津男は恥ずかしげもなくこう言って、小池にこたえる。

「私たちは都知事選で小池さんを応援しなかった。ごめんなさい」（7日、大井町駅前）

山口と小池は誕生日が３日違いの同い年。公明党の一部が合流して発足した新進党時代の同僚でもあった。

公明は完璧な選挙戦で全員当選を果たし、都議選での全勝記録を7回に伸ばした。

一方、圧勝した都民ファだったが、追加公認を出しても勢力は55人で、公明の23を合わせなければ過半数64（定数１２７）に達しなかった。多くが新人で、２期目以上も民進、自民から来た寄り合い所帯である。

公明はキャスティングボートを握ることとなりその後、小池都政をいいように操っていく。とりわけ幹事長の東村邦浩は「俺は知事とサシで話せる」と吹聴し、隠然たる力を持っていった。だが、有権者から見ればご都合主義の党と映っても仕方がない。３カ月後の衆議院選挙で、それは示された。

「東京で小選挙区に立てているのは12区（太田昭宏・元党代表）だけ。自民党は当たり前のように私たちの支援を受けているが、ギブアンドテイクになっていない。自民はどれだけこちらに比例票を渡してくれているのか」

都議選の頃、ある公明党都議は私にこう語ったものだ。しかし国政選挙となるや手の平を返し、自民党とガッチリ組むことになった。

公明党の存在は自民党に踏まれてもくっついていく「下駄の雪」とも、一選挙区あたり2万票もの組織票を持つことから、自民党にとっての「麻薬」ともいわれてきた。もはや別れられない関係なのだった。

希望の党を率いる小池は、ヤケになって揺さぶりにかかった。選挙後の首班指名について、

「（公明党代表の）山口那津男さんがいいと思います」

と言ってのける（17年9月25日フジテレビ『ユアタイム』）。希望と公明との連立政権もやぶさかでないとのアピールだが、権力にすり寄っていく公明への嫌味でもあろう。

「これまで自公は、選挙協力といっても別々に活動をしたが、今回初めて自民の選対に入り込んだ。都議選のトラウマがあるので、自民は土下座せんばかりに私たちの協力を求めたのです」（公明党の選対関係者）

しかしその強固なタッグは、自民を利することでしかなかった。公明は34から29へと議席

を減らしてしまったのだ。

「われわれは公明党の手下ですから」

都民ファ幹部が、私にこう卑下してみせたことがある。私立学校無償化のように、公明の進める政策が小池都政に反映され、都民ファはその採決要員に成り下がっているという意味だ。

たとえば、入札不調が続く遠因となった小池の「入札制度改革」だが、小池のコブシの下ろしどころを示したのは公明だった。18年5月、都議会公明党は、中小企業が主に入札する低価格帯工事の予定価格公表を入札後から入札前に戻すこと、一者入札中止を廃止する、といった要望書を小池に手渡し、その後の定例会見で公明の要望通り、撤回を宣言している。

また、11月28日、都は「市場移転に関する関係局長会議」の席で、方針転換を突然ぶち上げた。

「一般会計に土地の有償所管換えを行う、その上で、整備・開発を具体化していくと、そういうことも視野に入れまして、検討を進めていくことが必要であると考えております」（財務局長・武市敬の発言）

市場問題を取り上げた第5章で見たように、小池は築地を市場として再整備することを目論んでいた。だが、「有償所管換え」とは、市場会計に属する築地跡地を、一般会計で買い取るというもの。市場の経営に関しては収支を明確にするため、一般会計とは別に「市場会計」を設けている。つまり一般会計で市場に関わる支出はできないため、事実上、築地での市場機能を放棄することとなった。

小池は１８０度方針転換したわけだが、それは公明党が当初から主張している案に他ならなかった。

権力に嫁いだ女

〝風圧〟のある政治家が少なくなった、といわれる。

対峙すると気圧《けお》されるような雰囲気を持つ政治家のことで、ベテラン記者が例に出すのは田中角栄や竹下登といった人たちだ。今の政治家を見回した時、都知事という大看板もあるにせよ、小池は〝風圧〟のある政治家の最右翼といえる。記者との関係に阿吽《あうん》の呼吸などない。第1章で小池が会見で記者を選別することを指摘したが、それは会見場の空気を支配していることでもあった。

その凄みは、家族のない孤独感から来ていると私は思っている。政治家は、選挙や政治活動で、配偶者や親や子を〝活用〟する。妻にはマイクを握らせないと強がる政治家でも、陰で妻は選挙の手伝いをしているものだ。妻に政治活動はさせないと語る小泉進次郎にしても、親族を環境大臣秘書官に据えた。

しかし独身の小池の場合、両親はすでに他界。海外を飛び回って日本を不在にしがちの兄やその家族が政治に関わることはない。

小池の住む「エコだハウス」には、お手伝いさんがいるとはいえ、会話の相手はヨークシャーテリアの愛犬「そう」ちゃんである。名前の由来は「総理」で、権力志向を隠そうともしない。たしかに毎夜、権謀術数をめぐらせる相手としては適任だろう。

ロケットスタートを切っていた16年12月、小池がふと自身の生い立ちを語ったことがある。

「WOMAN　EXPO　TOKYO」（日経新聞など主催）のトークショーでのことだ。

「百合子グリーン」を身に着けた熱烈な女性ファンが最前列に陣取り、イベントが始まった14年以降で最も盛況だったという場で、小池は自らの離婚歴に触れている。

「途中で結婚したんですけど仕事の方が面白くってさっさと別れちゃった」

「子どもがほしい時期もありましたが、仕事が面白すぎちゃって。皆さん遅すぎないうちに、家族は大切にした方がいいと思いますよ」

小池はカイロ大留学中に日本人と結婚、１年ほどで別れたことは先に述べた。「仕事の方が面白くて」は事実と異なるが、「さっさと別れた」のは本心だろう。

子どもができなかったのも「仕事」以外の理由ではなかろうか。小池は45歳の時、子宮筋腫で子宮全摘手術を受けている。

つまり小池は、結婚、出産という面で挫折せざるをえなかった。その理由をイベントの趣旨に合わせ、軽いタッチで「仕事」としたのは、かえって肉体的、心理的な苦しみを物語っているように思える。

「私は『非常に傷ついた』ということを申し上げたい」

２０１８年11月16日の記者会見で、税の偏在是正について記者に問われた際、小池は突然そう話し始めた。９日の全国知事会で、鳥取県の平井伸治知事は、小池がハロウィーンイベントで『銀河鉄道９９９』のキャラクター・メーテルのコスプレをしたことに触れ、「メーテルの名前の語源はギリシャ語で母。ぜひ母の慈愛の心を持って、大都市と地方の折り合える案を考えていただければ」と述べた。平井は総務官僚出身ながら、鳥取県を「蟹取県」と命名してＰＲするなど〝お調子者〟の一面があり、発言に悪気はなかったろう。

だが、小池の声は珍しく震えていた。

「私は母になれなかったので、できるだけ多くの女性には仕事も、それから子育てもやってもらえるような環境を、私自身ができなかったことを皆さんに是非叶えてもらいたいと思うから、そういう環境づくりをしている」

都知事選で石原慎太郎から「大年増で厚化粧の女」と揶揄された小池は、「子どもの頃からアザがあった」と切り返したことで同情票を一気に集めることに成功した。この会見も、それに似た戦略だとして〝あざとい〟と見る向きもあった。ただ私は、本心から出た言葉だと思っている。

「小池さんは大病の後、それまで以上に、政治にのめり込んでいきました」

小池の古い知人は、こう述懐する。

〝肉食系〟でなければ務まらない政治の世界にあって、小池には男の影がほぼ見えない。週刊誌メディアならずとも注視してきたのだが、どうにもキャッチできなかった。事務所関係者が「彼氏でもできれば、もっと人間が丸くなるのに」と呆れたほどだった。

いわば小池は、権力に嫁《とつ》いだといえるのかもしれない。

18年３月の豊洲市場のＰＲイベント「豊洲市場魅力発信フェスタ」でのことだ。築地市場事業者による飲食ブースを訪れた小池は、３８０円の「さばサンド」に目をつけた。小池は４００円をスタッフに手渡す。

「冷めてるんですけど」

スタッフが申し訳なさそうに言うと、小池は、

「じゃあ負けてよ。３００円にならないの？」

と応じ、実際３００円にしてもらったという。目撃した関係者は、知事らしからぬケチぶりと同時に、移転問題で振り回した業者に対する振る舞いとあって呆れ果てた。ただこのエピソードは、小池の「関西人らしさ」では片付けられぬ、苦難の人生を垣間見せたように思う。

前述したように、小池は父の会社の倒産によって自宅が差し押さえられるという辛酸を舐めている。小池の「唯一の自伝」と銘打たれる大下英治著『挑戦』には、カイロ大留学時代の苦労話がこれでもかと登場する。入学金のみ父の世話になり、後は観光ガイドなどで食いつないだ。食費を切り詰め、ネギ、パン、はちみつ、白チーズしか食べず、栄養失調寸前までいった……。

国会議員になっても服は自分でデザイン。今でも〝接待〟で使う店は、瓶ビールを各自が取るような狭い焼鳥屋で、同行者を驚かせる。

「小池さんにご馳走してもらったことがない」

本書の取材で会った人は、必ずといっていいほどそう語った。

クールビズや「MOTTAINAI」、風呂敷の推奨など、カネのかからないものが小池の重点政策となるのは、それと無縁ではないだろう。そういえば、電通を使ったPRよりも、記者会見やメディア受けするパフォーマンスなど、安上がりな戦略の方が小池は生き生きとする。

孤高を持してきた小池にとって、知事の立場はうってつけだっただろう。というのも総理大臣の場合、議員内閣制で大臣は国会議員を任命しなければならず、それは信頼関係の積み重ねや審美眼が問われる。だが知事の周りはすべて官僚だから、その必要はない。

しかし、権力に憑かれた女は、物足りなさを感じたのではないか。

都知事という権力をもぎ取ってもなお、憲政史上最長となった安倍晋三内閣に対峙していく小池百合子の姿を、最終章で見ていきたい。

第8章

安倍と二階と官邸と

言葉だけの「ノーサイド」

２０１６年8月19日、ブラジル・リオデジャネイロ。小池百合子はリオ五輪閉会式に臨むため、この地に降り立った。その機中、自民党の都議が乗っていることに気づいた。相川博、川松真一朗の二人である。相川は第３章で触れた、市場移転関連予算案で民主党から自民党に寝返った都議だ。二人は都議会オリンピック・パラリンピック推進対策特別委員会の委員として、リオ五輪を視察に来ていたのだった。

接触を試みたのは小池の側からである。

補佐役の職員を通じ、二人に会談を申し入れた。小池はつい３週間前まで、自民党東京都連や都議会を「ブラックボックス」とこき下ろしていたが、そこに所属する都議と話したいと言うのである。

相川は念のため、都議会自民党幹部に連絡を入れている。その幹部は「自然体で会えよ」と言った。

三人が向かい合ったのは、オリンピックパークから車で15分の距離にある「ジャパンハウス」の会議室だった。

相川「ノーサイドでやりましょう」

小池「望むところです」

川松「勝った方しか決断できないんです。東京を良くするなら知事から歩み寄らないといけませんよ」

小池「そうですね。一緒にがんばりましょう」

会談は15分ほどで終わった。三人は、小池を真ん中にして握手をしながら写真に納まった。しかし小池は任期を通じて都議会自民党とは、ノーサイドにすることも、歩み寄ることもなかった。

リオへの出発前の羽田空港で、小池は政治塾の立ち上げを表明している。国外に出立する直前にビッグニュースを提供するのは小池らしい演出だが、8月3日に自民党幹事長に就いたばかりの二階俊博には仁義を切っている。その際、二階は、

「政治塾まではいいが、新党を作るのなら対応は違ってくる」

と釘を刺した。もうかばえないぞという警告と同時に、「小池新党」への恐れの裏返しでもあった。

二階と小池は長い付き合いである。二階は六つの政党を渡り歩いているが、小池はそのう

ち四つの政党で行動をともにしてきた。

ただし総理の安倍晋三も含め、野党時代の苦難を乗り越えてきたことへ自負のある自民党議員は多い。

世論調査で「次期総理に」と期待される石破茂が党内の支持を集められないのも、１９９３年に自民党が下野した際、新進党に逃げ込んだ過去が今なお響いているからだ。だが、二階は、同様に自民党を飛び出したにもかかわらず、小池のように〝政界渡り鳥〟と揶揄されることのない稀有な政治家である。

二階は〝都連のドン〟内田茂と同い年。東京都連は自民党本部１階にあるが、内田が来た時は４階の幹事長室から降りていくという。安倍とは年齢で15歳、政治キャリアでいえば20年ほど上回るだけに、安倍に盾突くことも厭わない。

こうした相関関係は、小池には好都合だった。二階さえ押さえればどうにかなるからだ。

ただし二階は、鵺《ぬえ》のような政治家でもあった。

防衛相時代の小池と刺し違えた元防衛事務次官・守屋武昌は、著書『「普天間」交渉秘録』（新潮文庫）で07年８月にこんなやり取りがあったと明かしている。

〈二階俊博・国会対策委員長から電話が入る。

「小池が総理候補と言われているよ。そうなったら次官、南の国に別荘でも買って、一緒にのんびりやろう」

安倍総理の選挙惨敗の責任問題が取り沙汰される中、小池大臣の名が次の自民党総裁候補として挙がっていた。二階委員長は「そんなことになったら、馬鹿馬鹿しくてやってられない」と言うのだった。小池大臣は二階議員が保守新党を結成した際、そこには加わらず自民党に移った経緯があり、二階委員長はそのことを苦々しく思っていた〉

二階はそんな過去の個人的感情を押し殺し「小池とのパイプ」というカードを持ち続けるのである。

小池の任期を通じて、安倍、二階、内田は力を保持した。小池は東京都議会の荒海に足元をすくわれそうになりながら、その三者のパワーバランスを的確に見極め、見事に立ち回っていく。

「サムライ」カード

小池の知事選出馬によって空白となった衆院東京10区補選が10月23日に控えていた。二階にとってこの補選は、幹事長として仕切る初陣である。どうしても勝利したい。

都知事選で小池を唯一支援した国会議員・若狭勝は自民党を離党してでも出馬する意向で、しかも小池は若狭を支援することを早々と表明していた。

若狭を小池が支援するのであれば、二階はその流れに乗らないわけにはいかなかった。

その二階の〝事情〟を知っていながら、小池は自民党との対決姿勢を演出していく。

小池の手元には「7人のサムライ」というカードがあった。この「サムライ」とは、東京都知事選で、自民党東京都連の決定に反して小池を応援した計7人の豊島区議、練馬区議のことを指す。小池が自身のパーティで命名した。

二階は東京都知事選に関して、若狭を厳重注意、さらに小池への処分は無しという〝大甘〟な対応を取った。厳重注意は党則が定める「処分」ですらない。

一方で、自民党東京都連は、二階及び自民党本部と足並みを揃えることはまったくなかった。小池を応援した「サムライ」たちへ離党勧告処分を下したのだ。党則にある八つの処分のうち2番目に厳しいもので、衆院補選後の10月30日までに離党しなかった場合、除名にするという。

この「処分格差」には、二階なりの算段があった。自民党本部は9月21日、若狭の公認を正式決定する。厳重注意をしておきながらの公認である。二階はこの公認という〝奇策〟によって、若狭を支援するであろう「サムライ」たちへの離党勧告処分を撤回させようとしたのだ。そうすることで、小池へ恩を売ることもできるだろう――。

そして小池にとっても〝事情〟があった。第2章で述べたが、小池は都知事選を自民党に立ち向かう構図を作り出し、勝利した。そして、

「自分から自民党をやめることはない。除名されたらこれまでの経緯を公にするわ」

と、都知事選後の〝処分〟を逆手に取ろうまで考えていたから、小池にとって歩み寄ってくる二階をうまくかわさなくてはならない。

以降、「サムライ」たちは、小池とのパイプを持ち続けたい二階と、自民党との対決姿勢を崩さない小池にいいように使われていく。

都庁に隣接する京王プラザホテルで10月6日、二階、新都連会長・下村博文と小池は密かに会談を開いた。その場で二階は、小池に土産を手渡す。党本部の沖縄物産展で買った島唐辛子「コーレーグース」と辛口の泡盛である。「甘くないぞ」とのメッセージだった。

23日午後8時、衆院補選で若狭はあっさりと当選を決めた。

選挙事務所に駆けつけた自民党議員は「サムライ」、そして若狭の大学の後輩という衆院議員・門山宏哲《ひろあき》のみ。都連会長の下村は直前まで「党幹事長代行として」顔を出す予定だっ

たが、急遽来なくなった。

バンザイや小池の挨拶といった一連のセレモニーが終わると、記者会見が始まった。といっても、うなだれるようにパイプ椅子に座る若狭を記者が囲む、こぢんまりしたものだ。若狭は喜びを一切表さなかった。表情は変えず、淡々と答える声はあまりに小さく、私が聞き取れないほどだった。

投票率は34・８５パーセント。この選挙区で過去最低であった。

勝利を受け、二階はホテルオークラで「サムライ」を招いた慰労会をセットする。だが小池はその手には乗らない。

「区議の皆さんを、大幹事長にご慰労いただくのは滅相もない」

小池はその前日、二階側近の林幹雄幹事長代理に電話を入れ、慇懃《いんぎん》無礼にキャンセルしたのだった。二階は記者会見で怒りをにじませた。

「どうぞ一つ、ご随意にということです」

ただこの時の小池の勢いには、二階も太刀打ちできなかった。

「サムライ」の離党期限の10月30日は、偶然にも、「希望の塾」開講式の日と重なった。大勢の塾生が列をなす様子が報じられた。その夕、自民党都連の幹部会合が開かれたが、下村はその盛り上がりに気圧されるように、「7人の話を聞いて処分の執行時期を考える」と決断を先延ばしにする。

処分問題はのびのびとなり、「サムライ」を除名処分にしたのは1カ月以上先の12月6日のことだった。「サムライ」騒動は、年をまたぐことなく終息。7人をサムライと呼ぶ者は誰もいなくなった。

知事査定と二階案件

東京都庁第一本庁舎地上48階のうち、職員執務室としては42階が最上階にあたる。そのフロアの各窓からは都内を一望できる見事なパノラマの景色が広がるが、毎年11月から年明けにかけては、それに目をくれる暇などない。予算編成作業で、財務局職員が血眼となって作業にあたるからだ。

フロアには「立ち入り禁止」の柵が置かれ、職員が缶詰となる予算編成作業室・通称「大部屋」、さらに幹部が居並び知事への説明を行う「査定部屋」がある。

２０１７年1月、小池は初の予算編成のため「査定部屋」へと乗り込んだ。

「これまでの知事はわれわれの説明に、居眠りをしながら聞いたものですが、小池知事は一切寝ない。しかも細かく質問してくる。財務局職員が自室に戻ると『アレ、もうちょっと増やせないの』と指示する電話がかかってくる」（職員）

知事査定自体は歴代知事が行ってきたことだが、小池はそれをブラッシュアップさせた。

「長年にわたりまして『政党復活予算』というものがございましたけれども、この仕組みについては、前回で終わりにする」（16年11月25日会見）

これまで毎年２００億円もの「政党復活予算」が割り当てられていた。要は「俺たちが予算をつけてやった」とアピールすることで、団体に恩を売るものだが、そうは言いつつ、自民党以外は口を出せない〝聖域〟であった。とりわけ私立学校教育助成（16年度予算では約15億円復活）や商店街事業（同約12億円）はアンタッチャブルだったという。

予算の議決権は議会にあるが、予算の「調製」は地方自治法に定められた首長の権限だ。小池はそれを盾に、団体や都議会各会派の要望を直接聞き取った上、「知事査定」なる項目を作り、財務局が作った「財務局査定」を大幅に増減できるようにした。

そして、予算に〝小池色〟をつけるだけでなく、来る都議選、さらには自らの再選に向けてフル活用していくのだった。

小池が最初に携わった17年度予算案は、共産党も賛成するという44年ぶりの全会一致で可決した。毎年都財務局が公表する予算の項目には、「復活予算案」が消えたかわりに、「知事査定結果」が掲載された。小池にとって最高の予算デビューといえた。

後に小池は二階に急接近していくが、その際、知事査定の政治的思惑が露骨に発揮された。

19年度予算で「小笠原航空路調査」が財務局査定より3億7000万円も増額されたのだ。都心から1000キロ離れ、船で24時間かかる小笠原諸島での空港建設計画は、環境破壊が指摘され、計画が浮かんでは消えてきた。〝環境派〟の小池なら、中止に舵を切っていい案件だ。

実はこれは「二階氏の思《おぼ》し召《め》しの深い案件」（16年8月、産経新聞による山本公一環境相インタビュー）だ。〝運輸族〟の二階は、「島民の命を守る」を旗印にかねてから空港設立に尽力しており、15年には「小笠原を守る会」を発足させたほどだ。それにこたえる形で、小池は多額の予算をつけたのだった。

安倍晋三からの秋波

「サムライ」カードを使い切った小池が都議選に向けてちらつかせたのは、自身の「離党カード」だった。二階は、小池、若狭への対応は棚上げにしたままである。

自民党は懲りもせず次々とオウンゴールを決めていた。

２０１６年12月7日、第四定例会代表質問でのことだった。

「少々お待ちくださいませ。次でありますけども……」

小池は、副知事の安藤立美の助けを借りながらも立ち往生を余儀なくされていた。

小池が議会のなれ合いを批判したことを逆手に取り、自民党政調会長・﨑山知《ち》尚《しょう》が詳細な通告をせず、矢継ぎ早に40問近く質問した。小池が言葉に詰まる度に、自民党都議から「説明になってない！」などとヤジが飛んだ。

そんな自民の「戦闘モード」がアダとなった。この光景はメディアに流され、小池を寄ってたかってイジめているようにとらえられた。

17年が明けて1月10日、小池は総理官邸に乗り込んだ。メディアが待ちかまえる中、総理の安倍と向き合うや、小池は突然、安倍のスーツの左襟にマグネット式の五輪バッジをつけた。

「いきなりつけてきて、断るわけにもいかないしさ。相変わらずパフォーマンスがうまいよね。僕は拉致のブルーリボンバッジしかつけないのにね」

小池の見え透いた演出に、安倍は周囲に困惑の言葉を漏らしている。

　マスコミを退出させると、当然、都議選の話題となった。

安倍「内田さんを都議選に出馬させなかったらいいんですよね」

小池「違いますよ。都連全体ですよ。総理なら、都連を変えることができますよね」

　しかし安倍は動かない。

　しびれを切らした小池は、二階が恐れていた「新党」の設立へと舵を切った。「希望の塾」の運営する団体に過ぎなかった「都民ファーストの会」を「地域政党」としてスタートさせるのだ。これで自民と真正面から対峙することが決定的となった。

　2月、安倍政権を爆弾が襲った。

　朝日新聞のスクープに端を発した「森友学園問題」である。森友が小学校を建設するため、大阪・豊中市の用地を破格の安さで購入。元々「安倍晋三記念小学校」にするつもりで、名誉校長に安倍の妻・昭恵が就任予定だったとあって、土地取引を巡り、安倍夫妻が絡んだのではと疑われた。理事長の籠池《かごいけ》泰典の特異なキャラクターも相まって、ワイドショーは「籠池劇場」一色となる。さらに4月、愛媛県今治市の加計学園・岡山理科大獣医学部建設が、森友問題と同じ構図としてクローズアップされる。加計学園理事長・加計孝太郎は、安倍とは学生時代からの友人で、安倍曰く「腹心の友」。籠池と親しさの度合いが違い、問題は深刻だった。

このいわゆる「モリカケ」問題で、安倍政権は倒れかねない危機を迎えた。

一方の小池は新党を作っておきながら、すぐには自民党を離党しなかった。しかも、自民党員としての会費・年４０００円を、17年分は払っていないことを明言し、「首を切る、切らないはアチラの問題だ」と挑発。都議選に向けた自民党の決起大会では、辞令的に招待状が送られてきており、その出席の有無について「まだ結論は出しておりません」（４月７日の定例会見）と思わせぶりな態度を取り続けた。

その決起大会が４月11日午後６時、東京プリンスホテル「鳳凰の間」で開かれた。

小池の姿はそこになかった。

冒頭、小池を批判する３分ほどのスライドが流れた。豊洲市場問題で小池が発言した内容を集めたもので「都知事は決断をいつまで先延ばしにするのでしょうか」「決められない知事」と容赦ない。小池が出席したとしても上映しただろうから、徹底抗戦の構えである。

ところが来賓の総理・安倍は違った。スピーチで「小池さんがやろうとしている方向が正しければ、私たちはしっかり支えていく」と述べたのだ。会場の出席者から思わず「え〜！」という声が漏れた。内田茂も体を震わせていた。安倍は、小池には国政の邪魔さえされなければいいという実利的な側面を持ち合わせていた。

その1週間後の18日、安倍と小池、さらに小泉純一郎が一堂に会する場面があり、政治マスコミを喜ばせている。

舞台は小泉が40年以上通う赤坂の「津やま」。都心の狭い路地に佇む割烹料理屋だ。1階の小上がりで小池、小泉、幹事長の二階、山崎拓、武部《たけべ》勤《つとむ》の両元幹事長の会食がセットされた。2階にある個室で〝偶然〟、安倍、ニトリホールディングス会長の似鳥昭雄、元公明党衆院議員の長内《おさない》順一も会食していた。

小池を呼ぼうと発案したのは山崎だ。当初男性だけだった会に小池を呼ぶことでニュース性を求めた。二階と小池の関係を修復させたいという思惑もあった。だが断られるのを恐れ、後輩で小泉政権時の〝偉大なるイエスマン〟武部に連絡させる気の小ささも兼ね備えている。

小池が武部からの電話を受けたのは前日のことだ。

「危険な顔ぶれね。でも楽しそう」

小池は参加を快諾した。

似鳥は、小泉が立ち上げた東日本大震災の「トモダチ作戦」で健康被害を負った米兵を支援するための基金に1億円寄付しており、小泉とは気脈が通じている。小泉と料亭の長い付き合いを考えれば、小泉一行と安倍一行が鉢合わせするのは了承済みだったろう。

安倍は1階で小池を認めると、

「お手柔らかに」

そう声をかけて握手を求めた。安倍と小池の会話はそれだけだった。

小池は二階とはほとんど会話を交わさず、もっぱら小泉と話を弾ませた。小泉は酒が入ると下ネタを口にすることで知られるが、それを〝封印〟し、脱原発の持論をぶった。

山崎は最後に二階と小池に握手を促した。しかし小池は断り、指切りげんまんをした。

5月3日の憲法記念日、安倍は２０２０年までに憲法を改正すること、憲法九条1項、2項は維持し、3項で自衛隊の根拠規定を設けること、などを突然ぶち上げた。

「小池さんは改憲派だから都民ファーストが伸びてもいい。小池さんには賛成するよう伝えてあるんだ」

その頃安倍はそう語り、ゆったりと構えていた。何しろ自民党の情勢調査では、定数１２７のうち自民、都民ファが40議席台で拮抗するとの結果が出ており、自民は第一党を確保できると見られていたからだ。

しかし小池は安倍からの秋波を断ち切った。離党カードを6月1日の都民ファの総決起大会にぶつけることで盛り上げるのだ。

私も会場の目黒雅叙園に駆けつけた。大勢の参加者で溢れ、金属探知機が設置され、警備員も立つものものしい雰囲気だ。「政権交代前夜」の様相であった。

黄緑色の「勝負服」に身を包んだ小池が登壇し、

「離党届を出させていただきました」

と述べると、会場のボルテージが上がった。

小池はこの日、自民党総裁の安倍、幹事長の二階宛ての離党届を、秘書を通じて党本部に提出していた。「進退伺い」を党に出してから、実に1年越しの決着である。

「まあ当分、受理しないでほったらかすというのが自民党方式なんでございますけれども」

小池は嫌味を付け加えることも忘れなかった。しかし先行きの不安がよぎったのだろう、小池の声色は妙に弱々しかった。

「THIS　イズ　敗因」

自民党の瓦解は止まらない。

文部科学省が加計学園問題を巡り、「10／21萩生田副長官ご発言概要」と題する文書の存在を認め、「週刊新潮」が自民党2回生議員の豊田真由子が秘書に「このハゲーーーー！」と暴言を吐く音声を公開。都議選候補の応援に入った稲田朋美防衛相が、「防衛省、自衛隊、防衛大臣、自民党としてもお願いしたい」と発言。自衛隊員が任官時に署名する宣誓書には「政治的行為に関与せず」の文言があり、それを大臣自ら破ってみせた形だ。よりによって、都連会長の下村のお膝元・板橋区での発言である。当の下村も「週刊文春」に加計学園から「闇献金」があったのではと報じられた。

モリカケの問題が安倍側近で東京選出の萩生田、下村に飛び火したことで、二人は地元の応援すら自粛せざるをえなくなった。踏んだり蹴ったりである。

その震源地というべき安倍の動きはもっと鈍かった。前回13年の都議選では、告示前に14回、告示後も12回、街頭演説に立った安倍だが、今回、告示前は一度も入らず、告示後も４回だけ。

選挙戦最終日、安倍は秋葉原で、内田茂の後継・中村彩の応援演説に入った。12年12月、自民党が民主党から政権を奪還した衆院選では、安倍が最終日に漫画好きで秋葉原で高い人気を誇る麻生太郎とともに立ち、「ソウサイ（総裁）、ソウサイ！」「アソウ！　アソウ！」

のコールが鳴りやまなかった。その成功体験からするとこの地を選んだのは間違いではないのだが、様子がまるで違った。安倍の到着が近づくにつれ、「安倍やめろ！　安倍やめろ！」と連呼する声が大きくなってゆく。街宣カーの上では、安倍の〝前座〟を務める自民党議員が、代わる代わるマイクを持つがまるで聞こえない。現場にいた私も身の危険を感じるほど、群集は殺気立っていた。しばらくして、私は誰かを囲むカメラの集団を目にした。近寄ってみると、その中央に「劇場」の主役、籠池夫妻の姿があった。別に何か叫ぶわけでもない。その場にいるというだけで、十分なニュースとなった。

　熱しやすい安倍は、こう叫んでしまう。

「憎悪からは何も生まれない！　こんな人たちに負けるわけにはいかない！」

「こんな人」という物言いは、安倍の無反省を象徴するシーンとなった。

　自民党は告示前の57議席から23議席まで減らす歴史的大敗を喫した。巷間言われた「40議席を割り込めば責任問題」が嘘のような負けっぷりである。川井重勇《しげお》議長、都議会自民党幹事長・高木啓《けい》といった重鎮が軒並み落選。安倍が応援に入った4候補のうち、勝利したのは中屋文孝ただ一人だった。

前防衛相で安倍より1期先輩の中谷元は、このようにふるった指摘をした。

「ＴＨＩＳ　イズ　敗因だ」

Ｔ（豊田）Ｈ（萩生田）Ｉ（稲田）Ｓ（下村）というわけである。

都連幹部は落選議員全員から聞き取り調査をした。忌憚ない意見を聞く趣旨だが、ある落選都議は都連幹事長の高島直樹（当選）にこう言い放っている。

「アベの顔は、もう見たくない――」

小池と小泉

それから2カ月半後、第6章で書いたように、安倍は野党の躓きを見て取って衆議院解散を決断。小池は国政政党「希望の党」を立ち上げるのだが、その際頼ったのが、元総理の小泉純一郎であった。

17年9月25日の結党会見の席で、小池は〈原発ゼロ〉の政策を掲げている。それは直後に会談する小泉に向けたものだった。

ノンフィクションライター・常《とこ》井《い》健一による小泉の回想録『決断のとき』（集英社新書）によれば、「原発ゼロ・自然エネルギー推進連盟」のメンバーは都議会会派からじっくり

〝陳情〟に回るはずだった。ところが小池自らが対応することになった。顧問である小泉は

「小池さんが出てくるのか……。それなら、オレも行くよ」と応じたという。

日程は都庁7階特別応接室で「25日午後3時半」でセットされていた。小池の会見は、「小泉と面会した」という材料を有効に使えるタイミングを計ってのことだったわけだ。

「(面談が) 今日でよかったよ」

小池の会見を見た小泉は、興奮しながら原発ゼロ推進を熱く語ったという。

二人の会談が始まった頃、情報をキャッチした記者らは地下駐車場出口に張り込んだ。小泉の車が出てくる様子をテレビカメラがとらえ、夕方のニュースで速報された。20分程度の極秘会談によって、「希望の党」への関心は加速度的に高まり、安倍の解散決断の記者会見は、すっかり霞《かす》んだのだった。

しかし小泉は、希望の党に肩入れはしなかった。小池が知事を辞めて国政に打って出なかったのは、知事の後任をめぐり、小泉が関心を示さなかったからとも言われている。

２０１７年10月の衆議院選挙で、安倍は息を吹き返した。

選挙戦最終日、安倍は都議選で「こんな人たち」発言で自滅した秋葉原駅前ロータリーにいた。都議選の時とは打って変わって〈読まない　朝日新聞　買わない〉と、「モリカケ」

をしつこく追及する朝日新聞を批判するジャンパーを着た集団もおり、安倍応援団が目立った。

籠池夫妻の姿はなかった。なぜなら夫妻は詐欺容疑で大阪地検に逮捕され、収監されていたからだ。


前述の「津やま」での会合は、翌年も同じメンバー、日にち、場所で集まることが約束され、その後、定期的に開かれることとなる。

小池には老人との会話など退屈に違いないが、自民党幹事長の二階と会っていることに意味があった。毎回、「2選目は小池さんしかいない」と話題に出て、それが報じられるのだから悪い気はしない。2018年10月10日に開かれた会合に二階が北海道出張で参加できなくなると、小池は参加を取りやめている。

ただ、小泉に会うことは楽しみにしているようである。

都知事となった小池が、数少ない頭の上がらない政治家が小泉純一郎だ。

小泉は02年12月、保守党にいた小池を自民党に入党させ、03年9月には環境大臣に抜擢。08年9月、自民党総裁選で小池が女性初の総裁候補として名乗りを上げた際、小泉は全面バックアップしている。

小池はしばしば「タイプの男性」を「喧嘩の強い人」と語り、具体的には第４次中東戦争で勝利したエジプトのサダト大統領や、パレスチナ解放運動の指導者のヤセル・アラファトの名を挙げている。これはアラビア語圏に精通するという自身の〝キャラ設定〟の側面もあろうが、彼らの戦う姿勢を、小泉に重ね合わせたのだろう。

「細川護熙にせよ小沢一郎にせよ、小池さんが仕えたのは自分にとってメリットがあるから。政治家をオトコとして見ていない。唯一の例外は小泉さん。小泉さんに会いに行く時は目がハートマークだった。小泉さんは小池さんをそう見てなかったけどね」（古くからの支援者）

18年４月の「津やま」の会で小泉は小池を、

「都知事は辞めるな。２選目に向けてがんばれ」

と激励したという。

18年８月20日、小池を支援する「百乃会」の第１回夏期セミナーが開かれ、支援者３００人ほどが集まった。再選へ向けて号砲を鳴らす位置づけのこの会は、ゲスト選びが重要だった。

「小泉さんか竹中（平蔵）さんがいいわね」

と、小池自ら小泉に打診した。

この人選は、9月の自民党総裁選前ということを考慮したのだろう。しばしば安倍批判を繰り出す小泉の口から、何かニュースとなる言葉が出るのではないか。都庁担当だけでなく永田町担当の政治部記者も多く訪れた。

小池はスピーチで、すでに第5章で触れた石原慎太郎の〝遺産〟にメスを入れるニュースを提供した程度で、総裁選を刺激する言葉は発さなかった。

その後に登場した小泉は相変わらず反原発を展開し、盛り上がったのは「東電の電気を使わないといったら小池さんも人気が出るのに」と述べて、小池を苦笑いさせたくらい。やはり、記者の〝期待〟に沿うことなく、総裁選には一切触れずに終えている。

「タバコの問題、いただくわよ」

第6章で詳述した希望の党の失敗は、いかに小池といえども相当な落ち込みようで、慰労の会に誘われれば、喜んで顔を出した。酒をたしなむ程度の小池が「シャンパン飲みましょう！」と言われると「そうよね！」と憂《う》さ晴らしをするほどだった。

巻き返しのきっかけとなったのは、18年6月に成立させた受動喫煙防止条例だった。

かつて小池は愛煙家で、キャスター時代、「全国たばこ新聞」でタバコの魅力を語り合う対談を持っていたほどだが、そんなことはおくびにも出さない。

「タバコの問題、いただくわよ」

参議院議員の松沢成文（現・日本維新の会）が、小池からそう言われたのは、17年4月、都議選2カ月前のことだ。松沢は神奈川県知事時代、受動喫煙防止条例を全国で初めて制定した実績を持っている。

東京五輪に向け、海外主要国に比べ規制の緩い受動喫煙を強化しようと、厚労省は「飲食店は原則禁煙。例外は店舗面積30平米以下」といった受動喫煙対策法案を国会に提出するはずだったが自民党が猛反発した。というのも、タバコ農家や飲食業界は、自民党の有力な支持母体だからだ。

東京都にとっても鬼門だった。14年、舛添都知事は条例化をぶち上げたが、都議会自民党が立ちはだかり頓挫《とんざ》している。

議会がいかに喫煙者に優しかったか。その象徴が議会棟1階の「議事堂レストラン」だ。一般の人も利用できるのだが、禁煙席30席に対し喫煙席が１３０席と、時代と逆行した造りとなっていた。

こうした流れを見てとった小池は松沢に教えを請うたのだった。この問題をライフワークとする弁護士・岡本光樹《こうき》（後に都民ファ都議）もそれに食いついた。

「厚労省も環境省もタバコ臭くてしょうがなかった」

小池は岡本らとの最初の打ち合わせの際、そう理解を示した。17年5月、都民ファの公約を発表する場で小池は国をこき下ろす。

「これまで都の姿勢は国の法整備を見守る形でした。しかし見守っていても時間ばかりが過ぎていく」

国の法整備が進まないのは厚労相・塩崎恭久《やすひさ》が原因だった。

二人の人間関係は良くない。第1次安倍政権で、塩崎が官房長官、小池は総理補佐官という間柄だったが、小池は、塩崎を選挙区・愛媛の名産品になぞらえ、陰で「あのポンジュースが……」と呼んだ。

塩崎はこの法案のために禁煙に踏み切ったほど思い入れが強く、それゆえ1ミリの妥協も許さず、国会への法案提出は叶わなかった。塩崎は8月3日の内閣改造で事実上更迭され、後任は、元大蔵官僚で安倍とは秘書仲間でもある加藤勝信となった。加藤は18年10月に退くが、19年9月に再びこの職に就き、新型コロナウイルス対策に奔走することとなる。

しかしこの法案は、加藤が厚労相となったことで骨抜きになっていく。17年11月、原則禁止の飲食店を30平米超から１５０平米超に後退させる案の検討を始めた。都の調査では店舗面積30平米以下は飲食店全体の３割、１５０平米以下は９割となっており、もはや「規制」ではない。この案に小池はこう呆れてみせた。

「１ケタ間違いではないかと驚いた。国の姿勢が甘いものだとお知らせになったと受け止めている」（11月17日の囲み取材）

都は18年２月開会の第一定例会に条例案を提出する準備を進めるが、都幹部によればこの時小池は、

「１５０平米でできないかしら」

と、国の案に追従しようと担当の福祉保健局に打診したという。前年末、都は国から地方消費税１０００億円を召し上げられる屈辱を受けており、国に歯向かうのは得策でないと考えたのだろう。

そんな小池に18年１月30日、〝朗報〟が飛び込んできた。厚労省が健康増進法改正案の素案を示したのだ。例外が「１００平米」以下となる見込みだった。これを奇貨として小池は、

「国の法案がどうなるのかを見ながら進めたい」

と、条例案提出を見送ることを決めた。今度は６月開会の第二定例会に注目が集まる。小池は完全に国の軍門に降《くだ》るのか。ここで安倍政権は再び大きく躓いた。収まったと思った「モリカケ」が再燃したのだ。

３月９日、森友学園への国有地売買で交渉を担当した近畿財務局職員が自殺。国会答弁で集中砲火を浴びた佐川宣寿《のぶひさ》国税庁長官が、これを受けた格好で依願退職し、27日には証人喚問に出頭した。さらに加計学園問題で、「本件は首相案件」と発言したとされる経産省の柳瀬唯夫《ただお》元首相秘書官が５月10日、参考人招致された。

小池は、このタイミングで一気呵成に動く。

従業員を雇う飲食店を原則禁煙とし、喫煙客用専用室の設置を義務づける案を提出。国との整合性を取りつつも、「１００平米」すら取っ払って都内飲食店の約84パーセントが規制対象となる厳しい内容であった。

６月27日、受動喫煙防止条例が成立。都から遅れること３週間後の７月18日、国の改正健康増進法が可決された。飲食店の例外は１００平米以下。規制対象は45パーセントで「例外」とはいえず、小池に軍配が上がり、各社の世論調査で７割以上の支持を集める好政策となった。

品川より沖縄

安倍政権も負けてはいられなかった。

目をつけたのは「地方法人課税の偏在是正」だ。東京に本社機能を置く企業が多いため、必然的に東京都は法人税で潤うことになる。その偏りをなくすべく、都の法人事業税は08年度以降、年４０００億円ほど国に吸い上げられてきた。それを、国会議員の多くが地方選出であるのをいいことに、都からさらにむしり取ってやろうというのだ。

「平成30年度与党税制改正大綱」で、法人課税の偏在是正を「平成31年度税制改正において結論を得る」としており、２０１９年（平成31）度に向けて都と国のバトルが繰り広げられるのは既定路線となっていた。

そこで小池は18年9月30日投開票の沖縄知事選と品川区長選で、ファイティングポーズを緩める姿勢を見せる。

品川区長選は4期目を目指す濱《はま》野《の》健《たけし》に、元自民党都議の佐藤裕彦が挑む構図だ。都民ファの山内晃は佐藤の秘書を長年務めており、都民ファが積極的に擁立した格好だ。二連ポスターは濱野が丸川珠代（元五輪担当相）、佐藤は小池を使い、小池VS丸川の「代理戦争」として盛り上がるかに思われた。

だが小池のポスターは、次第に見られなくなる。代わりに立憲民主党政調会長・長妻昭のポスターに代わっていった。なぜなのか。

佐藤は、国が進める羽田空港新飛行経路案にNOを突きつける公約を一丁目一番地に掲げた。共産の票を取りに行ったからだが、この案には、小池や都民ファが容認の立場を示している。第6章で触れたように、品川選出の森澤恭子が異を唱えたのはそのためだ。

「今回の選挙で、区民の皆さんに問いかけをするという、そういうチャンスとして捉えておられるのではないか」

矛盾を突かれた小池は、そう煙に巻いたが（8月31日定例会見）、最後まで佐藤の支援に入ることはなかった。

「共産党の小池晃書記局長との『ダブル小池』という案もあったが、これでは都知事が応援に入りづらい。公明党が現職を応援していますしね。都民ファより共産党の方が組織票があるので、そこは目をつむることにした」（佐藤陣営関係者）

告示日の9月23日、長妻ら立憲民主党の幹部、山内などが応援に入る中、小池はその前日から沖縄県知事選で自民・公明が推す佐喜眞《さきま》淳《あつし》の応援に出向いていた。

「二階幹事長と小池の間で話し合いが持たれ、トップダウンで日程が組まれました。情報が解禁されたのは21日夜。午後2時から定例会見があったため、そこで突かれるのを嫌がったのでしょう」（佐喜眞陣営幹部）

足元の区長選をそっちのけで、沖縄に駆けつけるのは、自民党への服従の姿勢に他ならなかった。だが図らずも、自身の失速を肌で感じることとなる。

水色のかりゆし姿の小池は、佐喜眞とともに街宣カーに上がった。

「急な日程だったので動員が間にあわず、宜野湾市での最初の会場には陣営関係者とマスコミしか来ていなかったほど。怒って帰るのではないかと、こちらがヒヤヒヤしました」（同前）

小池と入れ替わるように小泉進次郎が来たが、３０００人が集まり、人気の差が際立ってしまった。

9月30日、沖縄県知事選も品川区長選も、小池が支援した側は敗北を喫した。

小池には後ろめたさがあったのだろう。政治的な目線で言えば、党の分裂が頭をよぎったのかもしれない。あるいは自身の失速を意識して、人の温かみを感じたかったのだろうか。

ともかくその後、佐藤に細やかな配慮を見せている。

「負けて１週間後、小池知事から電話があって『迷惑かけてごめんなさいね。これからもよろしくね』と、自宅でしゃぶしゃぶをご馳走してくれるとおっしゃる。『じゃあ山内（晃）も連れていきます』と言うと『それはまた別で』と。だから一人でユリの花を持ってうかがいましたよ。小池知事はお手伝いさんも帰して、私のために飛騨牛のしゃぶしゃぶを作ってくれたんです。そうした気遣いは見事だよね」（佐藤）

土下座行脚

18年10月12日、小池は総理官邸に乗り込んだ。

もちろん議題は、地方法人課税についてだ。五輪経費の一部は都の負担のため設計が難しい。せめて２０２０年までは待ってほしい――。小池は五輪を前面に出すことで、安倍への説得を試みた。

さらには、安倍が描いたアジの絵がデザインされた特大の風呂敷を持参し、11月にパリで開かれる「ＦＵＲＯＳＨＩＫＩ　ＰＡＲＩＳ」に展示することを伝え、安倍の機嫌を取った。

安倍は意に介さず、ゼロ回答を突きつけた。

「東京は大丈夫。総務省などとよく議論してほしい」

小池はなりふり構わなかった。永田町に足を運び、自民党だけでなく野党にも頭を下げて回った。大阪まで出向き、当時の大阪府知事・松井一郎にも支持を訴えた。たしかに大阪も召し上げられるが、50億円ほどの減収にとどまる。東京のダメージからすると2桁少なく、他人事であった。

そしてついには、「ブラックボックス」にまで頭を下げた。11月5日、小池は都連幹事長・高島直樹と首相官邸側のキャピトル東急の和食店で電撃会談を行う。仲介に動いたのは二階で、この席にも同席した。その場で小池は「ブラックボックス」とあげつらったことを陳謝したのだ。だが高島は、

「落選した仲間に顔向けできない」

と、受け入れなかった。さらに小池は、議事録に残る形で「白旗」を明言する。12月11日、自民党の山崎一輝の代表質問に対し、小池はこう述べた。

「このたびの貴党への陳謝につきましては、この間の都知事選、都議選、衆院選におきまして、選挙とはいえ言葉が過ぎたことなど、貴党の東京都連に属し、都民の皆様によって選ばれた方々に対しまして、率直に陳謝を申し上げたものでございます」

かつて野中広務が「悪魔」と呼んだ小沢一郎に対し、「ひれ伏しても」と述べて手を組ん

だエピソードは政治史に残るが、小池にとってもひれ伏さんばかりの言葉だ。

　こうまでしたが、結局、与党税制大綱で、都から地方に流出する税収は20年度以降、年４０００億円から９０００億円に倍増することが決まった。これは都の税収の２割近くに及ぶ。小池の土下座行脚は全く実を結ばなかった。

　小池のこうした「やれることはすべてやる」といった生真面目さは、都庁職員の意識を鼓舞したが、長年小池を見てきた自民党議員からするとパフォーマンスにしか見えなかった。全く信用されていないのだ。実際小池は、総務大臣・石田真敏《まさとし》に何度も面会を申し込んだが門前払いをくらうという屈辱も味わっている。

　当時党幹事長代行の萩生田光一は私の取材にこう皮肉った。

「小池さんがしっかり自民党と組んでいれば、都税は国に来なかった。われわれ東京選出の国会議員は都税が国に振り替えられるのは違和感あるけど、小池さんの独りよがりの結果が国の税収増につながるんだから、グッジョブだ」

　ただ小池は晴れ晴れとした気持ちだったようである。知事に就任してから封印していたゴルフを解禁した。２０１８年暮れの12月29日、小池は埼玉県日高市の「高麗《こま》川《がわ》カントリークラブ」でゴルフに興じた。

メンバーは杉浦正健《せいけん》（元法相）、笹川堯《たかし》（元国務大臣）、広研印刷会長・前川槻二といった、小池より一回り以上年上の紳士たち。妹のように甘えられる面々だ。

「スコアは95くらいかな。パットは２メートルくらいだとＯＫ出したけどね。２年以上まわってないわりには大したもんだよ。彼女は運動神経がいいんだ」（杉浦）

年が明け、前述の都民ファ都議３人の会派離脱がありつつも、小池は再始動を対外的に宣言する。自らの新たな政治団体「百成会」の設立だ。後援会である「百乃会」とは訳が違った。「百乃会」代表の杉浦正健が言う。

「1月からパーティの準備をしていました。届け出する直前くらいに電話があって『作りますよ』と。言葉にはしていないけど、当然、２期目を目指すってことでしょ」

「百成会」の政治資金パーティは２０１９年２月19日、京王プラザホテルで開かれた。

都民ファや国会議員への呼びかけをせず、メディアを入室させなかったのは、都知事という立場上「政治色」を排除したからだ。とはいっても予算編成権者である都知事主催の会となれば、企業・団体がこぞって参加するのは当然で、地位の濫用と指摘されても仕方がない。会費は２万円。食事はカレーライス。だが６００人ほど収容の会場は満席で、別の会場を用意するほどの盛況ぶりであった。

注目すべきは、元秘書の女性や元金庫番で小池の〝いとこ〟Mが生き生きと動いていたことだ。二人は長らく小池から離れていたはずだが、彼らもパーティ券購入のお願いをしてまわったという。2選目に向け、自ら号砲を鳴らしたのだった。

ところがその晴れやかな場は、第一定例会開会日前日というタイミングとあって、都議らの神経を逆なでさせた。

二階の爆弾発言を引き出した「議事録」

自民党幹事長代行の萩生田光一が都議会自民党控室に乗り込んだのは2019年3月1日のことである。4日に開かれる経済・港湾委員会で、小池サイドが二階とのアポイントがあるため出席できないと告げてきたと、都議から報告があったためだ。

都議会は遠方に選挙区のある議員に考慮し、どの委員会も午後1時にスタートするのが通例だ。だが、二階との面談が午後3時半だから無理だというのだ。その理由も、東日本大震災の被災地の木材を東京五輪で使うことの報告という取ってつけたようなもの。議会軽視も甚だしい振る舞いに都議が怒るのも当然だった。

「二階さんに確認取ったわけじゃないけど、議会人として議会が優先だから、二階さんとの日程を変えてもらっていい」

萩生田は都議らにそう伝えた。だが結局、二階の予定は変更せず、議会側が朝8時半からスタートするという異例の措置となった。

実はこの1カ月ほど前にも小池は二階を訪問している。その頃国会を賑わせていた「統計不正問題の説明」が名目だった。会談を終え、小池が席を立とうとする時、二階は声をかけた。

「たまには仲間の皆さんに会ったらどうだ。今週末（2月10日）、自民党党大会だぞ。よかったら来たらいいじゃないか」

同席した党職員は仰天し、党幹部に報告。情報は即座に総理の安倍にまで上がり、小池が来るといっても断ることを申し合わせている。

翌朝、小池は自ら携帯電話を取った。相手は、定年延長をしてもなお自民党事務方トップに君臨する党事務総長・元宿《もとじゅく》仁《ひとし》である。元宿は東京都連にも睨《にら》みを利かせる存在だ。

対外上、小池は「日程上参加できない」と述べたことになっているが、「行けます」と連絡してきたとの証言もある。

いずれにせよ、二階が小池との完全な和解を目指していたことがわかる。

そして3月4日、小池はまたも二階詣でをするのだが、その夕方の二階の定例会見で〝爆弾発言〟が飛び出す。都知事選の話が出たかという、記者の「押さえ」の質問に対してだ。

「東京都知事選挙に小池知事がご出馬をいただくということになれば、全面的に協力するのは当たり前です。実績は見てわかるじゃないですか」

記者たちは耳を疑った。

何しろこの日午前の経済・港湾委員会で、小池は自民党都議から猛攻撃を受けたばかりだったからだ。

発言は波紋を呼ぶ。安倍はその晩の与党国対委員長らとの会食の席で「（知事選への言及が）早いな」と述べた。だが二階はどこ吹く風だ。

「早くやってどこが悪いんですか。選挙は元々早く早くいかないとダメじゃないですか。それから他に選択があるんですか」（翌5日朝の記者会見）

二階は、候補者が一向に決まらない自民党東京都連を批判したわけだが、実は小池が伏線を仕掛けていた。

会談の席で小池は、ある議事録をプリントアウトして二階に示していたのだ。

2月27日の本会議で、自民の大場康宣が、地元・世田谷区の区長が自民党とパイプがないことをあげつらうあまり、小池に対し「わが自由民主党の幹事長と大変お親しいと聞いておりますが、見解をうかがいます」と質問、小池が「長年親しくさせていただいております」と答弁したやり取りだ。

「勘がいい小池は、二階さんが腹を立てることを予想して、告げ口したんだよ。二階さんは『じゃあ親しいところを見せてやろうか』とカチンと来たわけだ」（党幹部）

3月17日夜、ホテルオークラロビーには多くの記者が集まった。日本料理店「山里」で、〝爆弾発言〟前から決まっていたという二階と小池の会食がセットされていた。さらに、同じ店で安倍が日本テレビ社長らとの会合を行うというので「電撃和解か」と色めきたったのだが、安倍と小池が接触することはなかった。

二階との席には、ここでも事務方トップの元宿が同席している。その後、記者に囲まれた二階は「そんな（都知事選の）話じゃない。やるとしたらまた、記者の皆さんの都合に合わせますよ」と上機嫌で語って沸かせた。

二階は小池の「爺殺し」ぶりにすっかりやられているようだった。それは二階の政治的打算か、老いか。おそらくどちらもだろう。

小池は東京都連を手なずけるには、安倍や二階からのトップダウンしかないとわかっていた。だがその言動は、都議会自民党の態度をますます硬化させるだけだった。

左手薬指に光る指輪

小池にとって３度目の予算編成の季節となった。

最初の年の予算は「小池劇場」に各会派が屈服する形で44年ぶりの全会一致だった。翌２０１８年は自民党が反対にまわるのだが、それは実に41年ぶりだ。自民党は国政与党としての〝矜持〟で予算に賛成してきたわけだが、それをかなぐり捨ててでも小池に盾突いた。

この年の予算案は前年の当初予算から４１５０億円増、１９９２年度の過去最高額を２０００億円上回る７兆４６１０億円に上った。「稼ぐ力」の強化として７０４億円を計上し、バイオ技術を活用する企業への支援（４億円）など、バンバン新規予算をつけた。

小池は、膨れ上がった予算は五輪準備のためと説明したが、都幹部は「それは言い訳」と断じる。

「どさくさに紛れて小池知事は、肝いりのものを細かく要望してきました」

たしかに前述した〝二階案件〟の小笠原空港航空路調査（５億円）の他、無電柱化推進

(前年比18億円増の306億円)、五輪に向けた風呂敷プロジェクト（4億円）などと、〝小池印〟が羽振り良く並んだのだった。

　こうした中、独身の小池が左手薬指に緑色の指輪をしていることに注目が集まった。

「アハハハハ。実は……と言いたいところなんですけども」

　2019年3月22日の会見で記者から指輪について尋ねられた小池は、ふいに〝乙女〟の表情となって、右手でそれを隠しながらこう述べた。

「私自身に願掛けというか、私自身への戒めであったり、自分自身を励ましたり、都民の皆さんにしっかりと考え方をお伝えしたい、そういう思いを込めて、期間限定であります」

それほど予算編成の議会は、神経を削るようにして行われるのであろう。

28日、自民党が2年続けての反対となったが、予算案は可決された。

その後、指輪は外された。

　この予算に小池がいかに注力したかは、自民党から共産党にいたるまで各党本部の幹部を行脚したことに表れている。財務局幹部を連れ、一自治体の予算を永田町まで説明に行くのである。各党本部は無下にしないものの、多分にパフォーマンスの匂いを感じ取った。

「知事が、東京都の予算説明と偏在是正措置の取り組みのお礼にうかがいたいとのことです」

2月上旬、日本維新の会幹事長・馬場伸幸の国会事務所に東京都職員から電話があった。松井一郎（当時大阪府知事）が代表を務める維新は、地方法人課税の偏在是正に関し、形ばかりとはいえ東京都に賛同した。小池は予算説明と同時に、感謝を伝えようとしたのだ。ちなみに都議選前の17年3月、馬場らが市場問題の要望で都庁に乗り込んだ際、対応したのは小池でも副知事でもなく、中央卸売市場長だった。ずいぶんと態度を変えたものである。

馬場はその手には乗らず、秘書を通じてこう突っぱねた。

「うちには所属都議（柳ヶ瀬裕文）がいますので、彼を通してアポを入れてください」

結果、その柳ヶ瀬が小池を案内する体裁を取り、小池は財務局幹部を引き連れて馬場事務所を訪れたのだった。

大阪選出の馬場に、東京の予算説明をしたところで意味はない。馬場とパイプを作っておきたいという下心だろう。小池としても大阪の首長、さらにその後ろに控え、未だテレビに引っ張りだこの維新創設者・橋下徹は抱き込んでおきたいはずだ。さらにその先には安倍政権がある。橋下、松井は政権に近く、安倍、官房長官の菅と毎年クリスマス頃に食事をするのが恒例となっている。

橋下は希望の塾の講師を打診されたこともあった。この時橋下は〈こんなややこしい仕事はやらない方がいいだろう〉（16年11月17日ツイッター）と断ったが、これには幾分、私が関わっている。

橋下の講演は「講師代200万円＋交通費」を原則としており、一切例外を認めていない。だが小池サイドは「出せても足代＋10万円」を提示。その情報を記事にすべく私が「橋下綜合法律事務所」に問い合わせた途端、橋下がツイッターで〈文春にしょうもないことを書かれたらうっとおしいだけなので、距離を置く〉と記したのだ。

ところで翌2020年度の予算編成時期に、小池が馬場に連絡することはなかった。自民党が予算案に賛成し、都議会に維新の議席がなくなった（柳ケ瀬は19年参院選に当選）とあっては、維新に頭を下げる必要などないということだろう。

街頭に立たない小池

1947年に参院選と統一地方選挙が行われて以降、4年に一度の統一地方選（4月）、3年に一度の参院選（7月）が重なるのが亥年である。

この「亥年選挙」は各政党にとって鬼門だ。地方議員が自身の選挙で死力を尽くし、参院選の時には使い物にならなくなってしまうからだ。

実際、第１次安倍政権は２００７年、統一地方選挙後の参院選で大敗を喫した。それによって、民主党が参院で第一党になる「ねじれ国会」となり、安倍は自らの体調もあって辞任に追い込まれている。だから19年の亥年選挙は、安倍にとって決して油断できないものだった。

一方の小池は、都民ファが設立されて初の統一地方選にもかかわらず動く気はない。

「私、現在も都民ファーストの特別顧問を務めているわけでありますけれども、党からの要請ということについては、それぞれ対応について検討していきたいと考えています」（４月10日会見）

こうして小池は二元代表制を都合よく使い分ける。

都民ファの公認候補28人、推薦１人。自民の３９２人はともかく、同じく初陣となる立憲民主（１２１人）、国民民主（38人）よりも少なく、失速を印象づけないための「守りの選挙」であった。定数が48もある杉並区議選にすら候補者を立てなかった。

小池は渋谷区長・長谷部健《けん》、豊島区長・高野之夫《ゆきお》という圧勝が約束される区長候補、元秘書の都民ファ都議・樋口高顕《たかあき》の地元新人の激励に訪れただけだ。演説はすべて屋内で、街頭には立たなかった。ちなみに2年前の千代田区長選では5回も街頭演説を行っている。

今も小池のホームページには「東京大改革」なる文句が躍っている。トップに立つ政治家は、自らの政治信条に共鳴してもらうため、街を歩き、足元の議員を一人でも増やそうとするものではないか。しかし小池にそんな気はないのだった。

結果は24人が当選、現職は全員当選した。ただし7人を擁立した小池のかつての選挙区・豊島区（定数36）で、「サムライ」の面々は当選を果たしたものの、最ベテランの里中郁男は最下位当選という有り様だった。

都民ファの足腰の弱さが露呈した形となった。

第二定例会後の6月20日、都民ファは初の代表選を行った。これまで小池、野田数、荒木千陽と所属議員のコンセンサスもないままに代表が決まっており、新人議員らが代表選実施の声を上げていたためだ。

だが執行部の多数派工作が実り、立候補の届け出は代表の荒木のみ。無投票当選で小池―荒木ラインの信任が得られたとはいえ、荒木は「知事とは親子のような関係。でも親をきちんと批判できる子ども」と言い、小池も、荒木について不満が上がると「私の育て方が悪い。

ごめんなさい」とかばう、他の議員からはアンタッチャブルな関係だ。小池が転べば、都民ファもろともとなり、２年後の都議選への不安は高まるばかりだった。

７月21日投開票の参院選についても小池は、「今のところ考えておりません」（７月５日定例会見）と、応援に入ることを否定した。小池が政治家になって国政選挙に携わらないのは、子宮筋腫手術で入院した１９９８年参院選以来だ。

新執行部は、参院選で勝手な応援を控えるよう所属議員にメールを送る。

果たして都民ファは何を目指しているのか。政治家が選挙で何もするなというのは、自らの存在意義を否定するようなものだ。単なる都議会の採決要員に成り下がったということか。反発する議員が出るのも当然だった。

都民ファ新人の茜《あかね》ケ《が》久保《くぼ》嘉代子がよりによって、小池に反旗を翻して離党し、日本維新の会から出馬している音喜多駿の応援に入ったのだ。〝お忍び〟の建前だが、堂々と街頭演説し、それが動画で拡散されてしまう。

党内に動揺が走る。小池の元秘書の都民ファ都議・尾島紘平は、

〈組織というものを、一から議論し考え直さなくてはなりません。じゃないと党がもたない〉

とツイート。音喜多は私の取材に「名前は言えませんが、十数人くらい水面下で応援してもらってます」と語り、荒木体制への不信感が露呈した。都民ファ都議が自民党候補の演説会に私服で顔を出している姿も、私は目撃している。

「いきなり評論家になりますけれども、あまり（議論が）深まっているとは思いがたいですね」（7月19日会見）

小池は参院選を他人事のように語った。21日の投開票日には、自身のフェイスブックで翌22日から「スムーズビズ推進期間」が始まることを投稿する手の込みようで、ついに全く参院選に関わらなかった。

こうして小池は腕をだらりと下げ、ガードをしないポーズを取り続けつつ、自民党の他の重鎮をも押さえにかかっていた。

6月、東京パラリンピックを盛り上げる有識者懇談会を設置する際、車椅子生活の自民党前総裁・谷垣禎一を小池自ら口説きにかかったのだ。

小池が知事選に出馬する際、「進退伺い」を突きつけた相手は、当時幹事長だった谷垣だ（第2章）。谷垣は不幸にもその1週間後、趣味のサイクリング中に転倒、頚椎を損傷してしまう。リハビリ生活となり、翌年の衆院選には出馬せず、政界引退を余儀なくされた。二階は今回の参院選に出馬するよう打診したが、固辞されている。

その谷垣に小池は目をつけ、懇談会会長に据えようとするのである。谷垣は政策グループ「有隣会」を実質率いる立場だ。谷垣の起用は、新旧幹事長と「有隣会」を押さえる意味合いもあるだろう。

漫画家・長谷川町子の自宅があったことから「サザエさんの町」と呼ばれる世田谷区桜新町に、谷垣の自宅はある。小池はわざわざ谷垣の自宅に足を運んで打診するのだ。

だが谷垣は、小池の露骨な意図を汲《く》み取り、

「政治的に受け取られる」

と会長職は固辞したという。ただし名誉顧問は引き受けた。懇談会が開かれたのは20年1月までわずか3回だが、小池からすれば谷垣が名を連ねているという事実さえあればよかった。

安倍の小池支持発言

8月20日、前年と同じ日に開かれた「百乃会」第2回セミナーのゲストは二階俊博であった。都知事2選目に向けた発言があるのではと、幹事長担当記者も大勢つめかけた。

会費は1万円。水と「世界の都市総合ランキング」の冊子が配られるだけだが、250人ほどの席は満席だ。

ところが二階の到着が遅れるというハプニングが起こる。小池は自ら出迎えに行く。来場者より二階の方が大切とでも言わんばかりに。会代表の元法相・杉浦正健がスピーチで間をつなげなければならず、弛緩した空気が広がった。

二階は小池とともに20分遅れで入場した。その後、大きな巻紙を持って登壇し、左肩を幾分落としながら、それをひたすら読むことに終始した。声は聞き取りづらく、災害や観光といった硬い話題ばかりでスピーチは盛り上がらない。途中退場する出席者もいたほどだ。あげくに2選目に関する言及はなく、スピーチが終わるとそのまま退席。ぶら下がり取材を受けることもなく、記者らは無駄足となった。

だが小池にすれば、二階との接点をアピールできさえすればよく、その思惑通り、蜜月ぶりが報じられた。

一方で都議会自民党に対しては厳しい対応を取った。都政において前代未聞のことが起きていた。

都議会の質疑は1カ月ほど前から都議と都幹部が膝詰めで擦り合わせる。都議にとって、自らの質問で知事の踏み込んだ答弁を引き出すことが〝手柄〟となる。ところが２０１９年9月の第三定例会から、質疑直前になって職員側から「質問を変えてほしい」とか「知事の答弁を減らす」といった通告が、特に自民党に対して頻発していたのだ。

「もちろん事前にそうしたやり取りはありますが、局長がＯＫを出したものを、さらに上のレベルで変えるということは聞いたことがない。かわいそうなのは板挟みになる課長ら。『都政史上最悪だ』と漏らす課長もいました。村山寛司《かんじ》特別秘書ら側近が知事に忖度したものと見られています」（職員）

すでに書いたように、小池も16年12月の定例会本会議で、事前通告なしで自民党議員から40問近い質問を浴びせられ、立ち往生した過去がある。その仕返しをお見舞いしたというわけだろう。

都連は小池の対抗馬擁立に向けて重い腰を上げていた。19年6月27日に党本部で初会合を開いて以降、断続的に協議はされるが何も決まらない。丸川珠代、松岡修造、鈴木大地といった著名人の名前が浮かんでは消えた。当初は候補擁立を息巻いていた主戦論者たちも「責任を取ってお前が出ろとなったらまずい」と、次第に口を閉ざすのだった。

ついに、総理の安倍がしびれを切らした。

「小池さんに勝てる人はいない。東京都連も小池さんとの関係修復を考えないと」

12月17日昼、二階と官邸で面談した際、安倍はそう発言したという。安倍が「小池支持」を口にしたのは初めてのことだ。

小池は、見事に寄り切ったのである。

候補者擁立断念の舞台裏

「なんて運がいい女なんだ」

第1章で詳述した新型コロナウイルス、東京五輪延期は、ただでさえ優位にあった小池の立場を揺るぎないものに変えた。ある現職閣僚は記者たちに、そんな失言気味の本音を漏らしている。

五輪の開催が危ぶまれ始めた20年3月12日昼前、小池は官邸に安倍晋三を訪ねた。コロナ対応の要望書を渡すためだ。報道陣向けに握手でなくグータッチを披露し、人払いをすると、とたんに二人の会話はきな臭くなった。

小池「政治休戦をしたい。関係を元に戻したい」

安倍「高島さんに言えばいいじゃないか」

小池「高島さんに謝っても意味がなかった」

18年11月、小池が自民党東京都連幹事長・高島直樹と会い、「ブラックボックス」と批判した過去を詫びたことにはすでに触れた。それから1年以上経っても、都連の態度は硬化するばかり。それは二階や安倍にすり寄る小池にこそ原因があるのだが、国難に乗じて、トップダウンで都連を鎮圧にかかった。

安倍にとっても、コロナ抑え込みのキモになる東京での政治闘争は、自身の足を引っ張ることでもあった。

安倍は側近の文科相・萩生田光一に指示を出す。都連総務会長でもある萩生田は、小池と直接話をした上で、都議会に密かに乗り込んで総理の意思を伝えた。だがファイティングポーズを取り続ける都議会自民党からすると、タダで呑める話ではない。

そこに登場するのが〝自民党東京都連のドン〟こと内田茂である。

ターゲットは小池が任期を通じて最も腐心した市場移転問題だ。都は都心一等地の築地の土地を売却するはずだったが、小池はそれを所有したまま、「築地再整備」によって賃借料を回収し続けるという案に変更した。その「再整備」案を白紙撤回するなら、自民は予算案に賛成するという〝政治のプロ〟ならではの落としどころだった。

内田や萩生田は都議会幹部を集め、その腹案を話すが紛糾する。

「もちろん反発しましたよ。私たちからすれば、予算案の賛成と対抗馬を立てないことは別の話。小池さんには乗れない。人としてふさわしい方だったらいいけど」（小宮安里政調会長）

ここで皮肉にも、小池がかつて批判した「ブラックボックス」が機能し始める。3月23日、萩生田も含む都連五役が集まって候補者擁立断念の方針を決め、24日昼、二階、内田、高島の食事の席で事実上了承されるのだ。現場の都議からすれば、後ろから撃たれたようなものだった。

自民は27日の本会議で3年ぶりに予算案に賛成した。それは24日の都議会予算特別委員会での、以下の小池の答弁を受けてであった。

「築地まちづくり先行事業の実施方針につきましては、今年度策定の予定でございました、え〜一方、今ご指摘がございましたように、東京２０２０大会の開催につきまして（略）状況の大変化がございます。よって、この状況の変化を踏まえまして、その動向が明らかになって以降、その結果を踏まえながら、内容の見直し、公表をすることといたします」

「先行事業」とは、都が築地再整備の「０段階」と位置づけるもので、まずは船着き場など海に面した部分を整備していくもの。市場当局が本音では再整備したくないという〝時間稼ぎ〟に見えなくもない。

あくまで小池は、築地跡地本体の再整備でなく、「先行事業」を見直すと言ったに過ぎないが、自民はそれを築地再整備計画自体の見直しととらえた。

狐と狸の化かし合いのような議論だが、小池にしてみれば、安倍、二階という党本部を押さえ、自民が予算に賛成する以上、どうでもよいことだった。

だからその齟齬《そご》はあっさり露呈する。

定例会閉会後の自民党会派控室への挨拶回りでのこと。小池は「大事な予算に賛成いただきありがとうございました」と礼を言って立ち去ろうとすると、幹事長代理・吉原修から「内容の見直しもありがとうございました」と声をかけられた。それに小池はこう返した。

「いろんな見方がありますから」

自民議員たちは「いろんな見方？」と顔を見合わせるのだった。

その後、私は自民党控室前で高島を直撃した。

――二階幹事長との会談で小池支持となった？

「（小池支持の話は）出てない。（賛成にまわった）予算のことも話してない」

——では、小池再選支持といった報道が出て驚いた？

「うん。驚き桃の木山椒《さんしょ》の木だよ」

高島は都連五役のうち唯一の都議だけに、現場の都議と党本部との板挟みにあっているようだった。現場の不満を感じ取った二階は、こんな言葉を都議らに届けたという。

「小池には内田に詫びを入れさせるから」

第二定例会最終日の前日にあたる6月9日、元総理の小泉純一郎、党幹事長の二階らによる恒例の割烹料理屋「津やま」での会合が開かれた。

店は赤坂の狭い路地を入った所にある。路地入り口には政治部記者だけでなく週刊誌や夕刊紙の記者、カメラマンが集まった。

ターゲットはもちろん小池である。小池はまだ出馬表明をしていないが、二階はすでに、党の推薦を出すと公言している。両者の蜜月ぶりがアピールされると思われた。

開始予定の6時前、小泉内閣の〝偉大なるイエスマン〟武部勤元幹事長が到着。その後、小泉、中川秀直、山崎拓両元幹事長と続き、二階は6時25分頃店に入った。

ところが小池は現れない。

実は前日の段階で、新型コロナウイルスの警戒を呼び掛ける「東京アラート」が発令中との名目で、欠席を告げていたのだった。

いずれも80歳前後の老人ばかりとなった。

会が盛り上がらないと考えたのだろう。武部は急遽、タレントとして活躍する「小泉チルドレン」杉村太蔵・元衆院議員を呼んだ。たまたま赤坂を歩いていた杉村はすっ飛んでいき、出席者を喜ばせている。

会の途中、武部は小池に電話を入れた。そしてその場にいる一人ひとりと代わり、「がんばれ」と、知事選に向けた激励をしたという。

9時前に店から出てきた二階はしかし、不機嫌だった。「密」の状態で追いすがる記者から「都知事選の話は出たか」と問われると、

「選挙の話をするわけないだろ！」

と吐き捨てた。

二階はようやく察したのではないか。

小池百合子は、二階や小泉といった〝過去の〟権力者を利用し終えたのだと。そして、さらなる権力をつかもうとしていることを。

おわりに

小池百合子だけが静かだった。

２０２０年６月18日午前９時半、東京都知事選挙の告示日第一声として、小池は作成済みの動画を配信した。「百合子グリーン」の勝負服を着て画面に現れた小池は、穏やかにこう語り始めた。

「新型コロナウイルス感染防止にご協力いただき、ありがとうございます」

選挙戦の「第一声」は支援者を大勢集め、候補者は気勢を上げるものだ。小池も４年前は、池袋駅西口でビールケースの上に乗り、緑のハチマキをして熱弁をふるっている。だが今回、コロナ禍により、小池は街頭演説を行わないことを決めていた。

小池は、動画が配信されたタイミングで都庁第一本庁舎2階に到着した。当初、普段通り、そのフロアで記者団の取材に応じるはずだった。ところが急遽、執務室や会議室のある7階に変更された。

というのも、車寄せのある2階ロータリーから道路を隔《へだ》てた所で、共産党、立憲民主党、社民党が支援する弁護士の宇都宮健児がマイクを握り「第一声」を行うからだった。その声で、小池の声がかき消されるのではないかと思えるほど、目と鼻の先にある。

私は宇都宮の演説も覗きにいったが、そこは支援者やメディアが鈴なりになる「密」の状態だった。「感染防止にご協力」の小池の言葉がむなしく響いた。

小池がどの党にも推薦を求めないことを決断したのは、その1週間前のことである。

6月11日、小池は自民党幹事長・二階俊博側近の林幹雄幹事長代理に、その旨を伝えた。推薦を出すと公言していた二階にとっては赤っ恥である。しかし記者にはこう強がった。

「推薦はあってもなくても変わらない。出馬表明と同時に当選だ。自民党はカネを使わなくてよかったじゃないか」

翌12日、小池は出馬会見を行う。司会を務めたのは都民ファーストの会代表で小池の元秘書・荒木千陽。荒木は選対本部長にも就いた。

小池が街頭演説をしないことは、自民党都議には好都合だった。マイクを持って小池の支持を訴える、彼らにしてみれば〝公開処刑〟のようなことをしなくて済んだからだ。ただ〝自民党東京都連のドン〟内田茂に詫びをいれる儀式も、なかったことになった。

〝産みの親〟として都民ファーストの会に配慮しつつ、自民党の面子《メンツ》をつぶさない、実に緻密な政治判断を小池は行ったと言える。

しかしそこには、4年前、どこにも根回しをせず「崖から飛び降りた」ことで聴衆の喝采を浴びた潔さはなかった。

4年前の都知事選挙で小池は「七つのゼロ」を掲げた。待機児童、介護離職、満員電車、残業、都道電柱、多摩格差、ペット殺処分をゼロにするというものだ。

たしかにペット殺処分はゼロとなった。ただしカラクリがある。都は「動物福祉の観点から行ったもの」を除く、としており、重病などで飼い主に譲渡できない場合の殺処分は依然として行われているのだ。待機児童は知事就任前から7割ほど減らしたとはいえ、ゼロではない。あれほどの熱狂的な支持を受けて当選し、議会で盤石な〝小池与党〟があっても政策実現の道は険しかった。

振り返ってみれば、小池都政には「クールビズ」のようなレガシー（遺産）がない。「ブラックボックス」「おっさん政治」といった罵りの言葉が耳の奥底に残っているだけだ。

小池が任期を通じ意識したのは、第7代東京市長の後藤新平である。関東大震災後、内務大臣として帝都復興を成し遂げた名政治家。計画の規模の大きさから「大風呂敷」とのあだ名があり、小池は皮肉にもその部分は似せることができたが、及ぶべくもないだろう。

この7月15日に68歳となり、政治家として最終コーナーに差し掛かる小池は、後世に名を残すべく、レガシーづくりを急ぐことになる。

*

雑誌の世界に「見出しになる人」という言い方がある。

私が週刊誌の世界に入った頃、担当デスクに「君が屁をこいても記事にならないが、田中真紀子（当時外務大臣）だったら記事になる」と言われ、なるほど、雑誌とは「事象」よりも「人」に焦点を当てるものなのだと知った。雑誌の中吊り広告に人の顔が並ぶのはそういうわけである。

だがその田中にしても、私人となり政界への影響力がなくなったために、週刊誌の記事でお見掛けすることはほぼない。

「見出しになる人」。すなわちそれは、「見出しにこの人の名前があるから雑誌を買おう」と思わせる人であり、記事で取り上げる公益性がある人を指す。

そうした意味で小池は、キャスター時代から今に至るまで30年以上にわたって見出しになり続けた——つまり常に権力に近い場所にいた——類《たぐい》まれな政治家と言える。

本書の取材の過程で、ある都議がこう漏らしたことがあった。

「私たちは小池知事をダメだと思っているけど、支持率の高さを見ると（5月のＪＸ通信社の都民世論調査では約7割が支持）、私たちが間違っているのかもしれない」

私が「週刊誌記者」となって20年になろうとしている。そう聞けば、フルスイングで取材対象をぶっ叩く、冷酷な人間に思われるかもしれないが、何万、何十万という人に投票所で名前を記された政治家への敬意は、持ち合わせているつもりだ。

もし、小池でなく、自民、公明などに推された増田寛也が東京都知事になっていればどうだったか。

「盛り土」の問題（第5章参照）が発覚しても検証をおざなりにし、豊洲市場移転を淡々と進めたのではないだろうか。東京五輪に多額の都民の税金が投入されていることは、これほど注目されなかったかもしれない。そして、コロナ対策で1兆円もの予算を組み、都民の「貯金」を食いつぶすことには、二の足を踏んだに違いない。小池を評価すべき点は少なくない。

しかし私は、発言をその場しのぎのように二転三転させ、何食わぬ顔で帳尻を合わせてくる小池の〝芸当〟から、都政、都民に真摯に向き合っている姿を感じ取れなかった。

たとえば、市場移転問題で小池は、「築地は守る、豊洲を生かす」との「基本方針」を打ち出した際、5年後に市場が築地に戻ってくるかのような口ぶりだったが、あっさり撤回した。その点を議会で追及されると、市場としての豊洲、都心に近くポテンシャルのある築地の両方を生かすということであって「何ら基本方針は変わっていない」と言い放った。

今回の都知事選の動画配信では、「七つのゼロ」未達成について、「成果を上げる項目もあれば、時間をかけて取り組むべきものもある」ともっともらしく語った。

大真面目に指摘するこちらがバカらしくなってくる。

一方で小池は、記者会見に付箋だらけの大量の資料を持ち込んだり、地方法人課税の偏在是正（第8章参照）をめぐり、自民党だけでなく野党幹部にまで頭を下げる謙虚さも兼ね備えている。ある都議は、「お子さんに」と手紙つきのプレゼントをもらい、照れ隠しのように「あなたにじゃないわよ」と付け加える小池らしい気遣いに感激したとも語る。

いずれも、小池百合子の姿である。

世論調査の数字やテレビ画面には映らない、一人の政治家の姿を伝えたいとの思いから、私は本書を書いた。後は読者の皆さんのご判断に委ねたい。

ところで、この文章を書いているのは都知事選真っただ中の6月末である。本書が世に出る頃には、新しい都政がスタートしている。私に今わかるのは、小池百合子は、選挙結果がどうであれ「見出しになる人」であり続けるだろうということだ。

*

本書の文責がすべて私にあるのは言うまでもありません。ただし成果の多くは「週刊文春」記者だからこそ生まれたものです。

他社からの出版に理解を示してくださった新谷学・週刊文春編集局長と加藤晃彦・「週刊文春」編集長には、２００５年に私が文春入りし、今に至るまで長年ご指導いただきました。この場を借りて厚くお礼申し上げます。また、最初に拙稿に目を通し、本を書くことについてアドバイスをいただいた小田慶郎・週刊文春出版部長、自身の人脈を紹介してくれた「週刊文春」編集部の小山大二郎氏にも感謝いたします。

執筆にあたって、上山信一慶応義塾大学教授、奥澤高広東京都議会議員、音喜多駿参議院議員、政治ジャーナリスト・角谷浩一氏、川松真一朗都議、佐藤裕彦元都議、澤章・東京都環境公社理事長、玉木雄一郎国民民主党代表、森澤恭子都議（50音順）の他、名前を明かすことのできない多くの関係者に、改めて時間を割いていただきました。ありがとうございました（小池知事に取材依頼したところ、都庁報道課を通じ「時間が取れない」旨連絡があり、お受けいただけなかった）。

最後に、企画段階から伴走してくれた光文社新書編集部の樋口健氏、終日パソコンにへばりつく私を支えてくれた家族に感謝し、筆を擱くこととします。

令和2年6月

和田泰明

主要参考文献

【書籍】

小池百合子『女子の本懐　市ヶ谷の55日』（文春新書、２００７年）

小池百合子『自宅で親を看取る　肺がんの母は一服くゆらせ旅立った』（幻冬舎、２０１４年）

小池百合子『希望の政治　都民ファーストの会講義録』（中公新書ラクレ、２０１７年）

アンドリュー・ジンバリスト、田端優訳『オリンピック経済幻想論～２０２０年東京五輪で日本が失うもの～』（ブックマン社、２０１６年）

石井妙子『女帝　小池百合子』（文藝春秋、２０２０年）
上杉隆『誰が「都政」を殺したか？　特別対談　小池百合子東京都知事』（ＳＢクリエイティブ、２０１７年）
エドマンド・バーク、佐藤健志編訳『［新訳］フランス革命の省察　「保守主義の父」かく語りき』（ＰＨＰ研究所、２０１１年）
大下英治『挑戦　小池百合子伝』（河出書房新社、２０１６年）
音喜多駿『東京都の闇を暴く』（新潮新書、２０１７年）
音喜多駿『贖罪　偽りの小池都政で私が犯した過ち』（幻冬舎、２０１８年）
鴨志田孝一『小池百合子写真集　YURiKO KOiKE 1992-2017』（双葉社、２０１７年）
神津里季生『神津式　労働問題のレッスン』（毎日新聞出版、２０１８年）
小泉純一郎、常井健一取材・構成『決断のとき――トモダチ作戦と涙の基金』（集英社新書、２０１８年）
佐々木信夫『都知事　権力と都政』（中公新書、２０１１年）
澤章『築地と豊洲　「市場移転問題」という名のブラックボックスを開封する』（都政新報社、２０２０年）
シュテファン・ツワイク、高橋禎二・秋山英夫訳『ジョゼフ・フーシェ　ある政治的人間の肖像』（岩波文庫、１９７９年）

鈴木哲夫『誰も書けなかった東京都政の真実』（イースト・プレス、２０１７年）
鈴木亘『経済学者、待機児童ゼロに挑む』（新潮社、２０１８年）
野田数『都政大改革　小池百合子知事＆「チーム小池」の戦い』（扶桑社新書、２０１６年）
舛添要一『都知事失格』（小学館、２０１７年）
宮地美陽子『小池百合子「人を動かす１００の言葉」』（プレジデント社、２０１７年）
森喜朗『遺書　東京五輪への覚悟』（幻冬舎、２０１７年）
守屋武昌『「普天間」交渉秘録』（新潮文庫、２０１２年）
若狭勝『元東京地検特捜部検事・政治家の闘い　参謀力　官邸最高レベルに告ぐ　さらば「しがらみ政治」』（双葉社、２０１７年）
若狭勝『若狭は見た！　議事堂内の「清濁政治」　三流政治の原因はここにあった！』（ブイツーソリューション、２０１８年）

【雑誌、新聞】（引用記事の発行日、月号は本文中に記した）

「週刊文春」「文藝春秋」「正論」「週刊新潮」「朝日新聞」「読売新聞」「毎日新聞」「産経新聞」「東京新聞」
「日本経済新聞」「日刊スポーツ」「都政新報」

和田泰明（わだやすあき）

「週刊文春」記者。1975年広島県生まれ。岡山大学法学部卒業後、山陽新聞社入社。岡山県警などを担当。上京後、大下英治事務所を経て「週刊ポスト」記者に。2005年4月より「週刊文春」記者として政治、年金問題の取材を続けている。本書が初の著書となる。

Twitter　@yasuakiwada

小池《こいけ》百合子《ゆりこ》 権力《けんりょく》に憑《つ》かれた女《おんな》 ドキュメント東京《とうきょう》都《と》知事《ちじ》の1400日《にち》

2020年7月30日初版1刷発行

著　者 ―― 和田泰明

発行者 ―― 田邉浩司

装　幀 ―― アラン・チャン

印刷所 ―― 堀内印刷

製本所 ―― ナショナル製本

発行所 ―― 株式会社光文社
東京都文京区音羽1-16-6(〒112-8011)
https://www.kobunsha.com/

電　話 ―― 編集部03(5395)8289 書籍販売部03(5395)8116
業務部03(5395)8125

メール ―― sinsyo@kobunsha.com

 ISBN 978-4-334-04486-2

1055

搾取される研究者たち

産学共同研究の失敗学

山田剛志

突然届いた特許の「権利放棄書」、企業からの無理難題、研究者を守らない大学、心を病む助教、院生、学生……。産学共同研究政策は、研究者のためになっているのか？

978-4-334-04465-7

1056

芸術的創造は脳のどこから産まれるか？

大黒達也

創造性とは何か？　脳科学や計算論、人工知能に関する膨大な論文を通じて、「天からの啓示」とされる閃きのメカニズムを解析。カギは「脳の潜在記憶」にあった。

978-4-334-04466-4

1057

「自分らしく生きて死ぬ」ことがなぜ、難しいのか

行き詰まる「地域包括ケアシステム」の未来

野村晋

何が「地域包括ケア」の実現を不可能にしているのか。現役厚労官僚が柏市や岡山市での実践を基に具体的な行政手法を紹介。自治体や医療・福祉関係者、企業や市民に次の一歩を促す。

978-4-334-04467-1

1058

ぼくが見つけたいじめを克服する方法

日本の空気、体質を変える

岩田健太郎

自らもいじめられっ子だったという著者が、数々の経験の末に導き出した克服法とは。ダイヤモンド・プリンセス号の告発で注目の感染症医による、同調圧力を打ち破るための一冊。

978-4-334-04474-9

1059

ホークス3軍はなぜ成功したのか？

才能を見抜き、開花させる育成力

喜瀬雅則

千賀滉大、甲斐拓也、牧原大成、石川柊太、周東佑京、大竹耕太郎——なぜホークスだけが3軍制で大成功を収めたのか？　多くの選手・関係者への取材を元に解き明かす。

978-4-334-04470-1

1060
管理栄養士が伝える 長生き食事術
人生100年時代の「新・栄養学」入門

麻生れいみ

「食」を変えればカラダと人生が変わる――。明日の健康を手に入れる、未来の病気のリスクを減らすための「日常生活で何をどう食べるか」。シーン別の食事マネジメント術も公開。

978-4-334-04471-8

1061
深宇宙ニュートリノの発見
宇宙の巨大なエンジンからの使者

吉田滋

南極点の氷河に突き刺さった「宇宙からの使者」とは？　日本の物理学分野の最高峰・仁科記念賞を受賞した著者による、「高エネルギーニュートリノ」の発見をめぐるスリリングな物語。

978-4-334-04472-5

1062
フェイクニュース時代を生き抜く データ・リテラシー

マーティン・ファクラー

虚偽に流され情報の蛸壷に陥らない方法をNYタイムズ元記者が指南。V字回復した同社にメディア再興の道も探る。日本の新聞は権力を離れて調査報道に注力し、紙信仰を捨てよ！

978-4-334-04473-2

1063
業界破壊企業
第二のGAFAを狙う革新者たち

斉藤徹

アマゾン、ウーバーなどに代表される、業界秩序や商習慣にとらわれず、斬新なビジネスモデルやテクノロジーによって、業界で〝一人勝ち〟する企業を一挙紹介。【大前研一氏、推薦】

978-4-334-04475-6

1064
歴史秘話 外務省研修所
知られざる歩みと実態

片山和之

外交官・人間としての「7つの美徳」と『勘』の養い方」とは？　華やかな外交の表舞台の対極に位置し、国家の命運をも左右しかねない「黒子の存在」を、現役の所長が初めて綴る。

978-4-334-04434-3

1065
笑わせる技術
世界は9つの笑いでできている
西条みつとし

「共感」「自虐」「裏切り」「安心」「期待」「無茶」「発想」「リアクション」「キャラクター」――日常会話から合コン、商談、スピーチ、お笑いのプロを目指す人まで使える新教科書。

978-4-334-04459-6

1066
「高学歴ワーキングプア」からの脱出
水月昭道

『高学歴ワーキングプア』刊行から13年、研究者であり僧侶でもある著者が、紆余曲折ありながらも行き着いた境地とは？ 元ポスドク、前野ウルド浩太郎氏との対談を収録。

978-4-334-04476-3

1067
日本の少子化対策はなぜ失敗したのか？
結婚・出産が回避される本当の原因
山田昌弘

1・57ショックから30年、出生率の低迷が続く日本。家族社会学者である著者が、少子化対策の的外れだった点を分析。いま直視すべき、日本に特有の傾向・意識、そして変化とは？

978-4-334-04468-8

1068
炎上ＣＭでよみとくジェンダー論
瀬地山角

炎上する広告には必ず理由があり、近年その多くがジェンダーへの無理解を背景としている。炎上の構造を4つの象限で捉え直す、東大名物講義の「番外編」。

978-4-334-04469-5

1069
日本の映画産業を殺すクールジャパンマネー
経産官僚の暴走と歪められる公文書管理
ヒロ・マスダ

「日本再生の柱」と叫ばれたクールジャパン政策はなぜ失敗したのか？ 現役映画プロデューサーが官民の腐敗と怠慢を暴くとともに、「現場」に効く改革案を提言する。

978-4-334-04448-0

光文社新書

1070

座右の世阿弥
不安の時代を生き切る29の教え

齋藤孝

「いま、ウケることをやる」「思い込みにとらわれない」……。世阿弥の『風姿花伝』『花鏡』には「名言」が満載だ。その世阿弥の言葉を、今日的なわかりやすい表現で一挙紹介する。

978-4-334-04477-0

1071

高城式健康術55
医師が教えてくれない家庭の医学

高城剛

「僕は心地よく生きるために健康に気を配っている」——絶えず世界各地を行き来しつつ活躍を続ける著者が、パフォーマンスの質を保つために注目・実践する次世代の最新医療とは。

978-4-334-04478-7

1072

沖縄から貧困がなくならない本当の理由

樋口耕太郎

「沖縄問題」を突き詰めることは、日本の問題を突き詰めることであり、それは、私たち自身の問題を突き詰めることだ——。「コロナ後の世界」のありかたをも問う、鮮烈の問題作。

978-4-334-04479-4

1073

ＡＶ女優の家族

寺井広樹

親にはデビュー前に話したのか、兄妹には何を伝えたのか、そして子供には自分の仕事を明かすのか？　女優たちが赤裸々に語る「家族」の話から、新しい時代が見えてくる。

978-4-334-04480-0

1074

ＡＩとカラー化した写真でよみがえる戦前・戦争

庭田杏珠
渡邉英徳

戦前から戦後の貴重な白黒写真約３５０枚を最新のＡＩ技術と、当時者への取材や資料をもとに人の手で彩色。カラー化により当時の暮らしがふたたび息づく。

978-4-334-04481-7

光文社新書

1075
文学こそ最高の教養である
駒井稔＋「光文社古典新訳文庫」編集部 編著

社会を、人間を、広く深く知るのに最も役立つのが文学だ——。紀伊國屋書店新宿本店の人気イベントが書籍化。名翻訳者14人が初歩的な所から語りでナビゲートする古典文学入門編。

978-4-334-04482-4

1076
天文学者が解説する 宮沢賢治『銀河鉄道の夜』と宇宙の旅
谷口義明

賢治には未来が見えていた——。このユニークな童話はどのように構想され、賢治は宇宙に何を見ていたのか。これまでにないアプローチで作品の魅力に迫る。【渡部潤一氏推薦!】

978-4-334-04483-1

1077
南極で心臓の音は聞こえるか 生還の保証なし、南極観測隊
山田恭平

「南極大陸の奥に進むと、静かすぎて己の心臓の音が聞こえるという」——そんな伝説めいた話から南極を目指した著者による、１年４カ月の滞在記。南極観測隊のリアルが分かる一冊。

978-4-334-04484-8

1078
子規を「ギャ句」る 名句をひねると「ギャ句」になりました
夏井いつき

名句をもじって味わう遊びへの誘い。俳句の辛口先生が正岡子規をギャ句った作品を募集し採点。原句があるから誰でも始められ知識と技を同時習得。最小変化で最大効果を狙え!

978-4-334-04485-5

1079
小池百合子 権力に憑かれた女 ドキュメント東京都知事の１４００日
和田泰明

【緊急出版!】メディアの特性を熟知した政治家・小池百合子。築地市場移転、東京五輪、新型コロナ対策など、４年間の彼女の実績を、「週刊文春」記者が徹底取材で明らかにする。

978-4-334-04486-2